KB139924

중국인 학습자의
한국어 음절 발음 습득 연구

중국인 학습자의
한국어 음절 발음 습득 연구

이선 지음

❏ 차례

제4장 중국인 학습자의 음절 발음 오류 유형별 분석

제5장 중국인 학습자의 숙달도에 따른 음절 발음 오류 분석

제6장 결론

❑ 표 차례

❑ 도표 차례

제1장

서 론

1. 연구 배경 및 연구 목적

중국인 한국어 학습자들이 '명동'을 발음할 때 왜 이는 한국인에게 [밍동]이라는 발음으로 들릴까? 본 연구는 이러한 궁금증에서 시작되었다. 외국어로서의 한국어 교육에서 처음으로 부딪히는 문제가 발음 교육이다. 발음은 의사소통에 있어서 정확하고 효과적인 의미 전달과 매우 밀접한 관련이 있다. 발음이 분명하고 정확하지 않으면 아무리 어휘나 문법을 잘 알더라도 상대방의 뜻을 이해하기 어렵고 의사소통이 힘들다. 성인 학습자가 제2언어나 외국어를 학습할 때 모국어의 영향을 필연적으로 받게 되는데, 그중에서 가장 큰 부분을 차지하는 것이 바로 발음이다. 또한 발음이 학습의 초기 단계에 가장 일찍 굳어지게 되므로 한번 형성되면 나중에 고쳐지기 어렵다. 따라서 처음부터 체계적이고 계획적인 방법으로 교육이 이루어지도록 해야 한다.

오늘날 한국과 중국의 교류가 점차 활발해지면서 한국어를 배우는 중국인 학습자가 나날이 증가하고 있는 것은 주지의 사실이다. 발음 면에서 중국어와 한국어를 비교하면 음운, 음절, 억양, 음운 규칙의 네 가지 차원에서 모두 차이점이 많다는 것을 알 수 있다. 이로 인하여 중국인 한국어 학습자들이 한국어를 배울 때 부정적인 전이인 간섭이 많이 일어나 어려움을 느낀다. 특히 실제 교육 현장에서 중국인 한국어 학습자들은 음소 발음을 습득하고도 개별 음절을 제대로 발음하지 못하는 경우가 종종 발견된다. 초급 수준 학습자는 물론이고 중·고급 수준에 이른 학습자들도 한국어 음절을 발음할 때 어느 정도의 오류를 보인다.

　한편, 외국인 학습자를 위한 한국어 발음 교육 관련 연구에서 음운과 음운 규칙에 관한 연구가 대다수를 차지하는 반면에 음절과 관련된 연구는 아직 많이 이루어지지 않았다. 그 이유에 대해 장향실(2009)에서 음절이 음소의 결합으로 이루어지기 때문에 음절은 분절음 교육을 통해 자연스럽게 습득될 수 있다고 보는 경향 때문이라고 언급했다. 하지만 발음은 결국 하나의 음소만 가지고 발음하지 않고 음소와 음소를 이룬 음절로 발음한다. 언어마다 음소배열제약이 다르므로 한국어 음소를 아무리 잘 발음할 수 있다고 하더라도 음소와 음소가 결합된 음절을 잘 발음할 수 있다고는 말할 수 없다. 따라서 한국어 교육에서 음소배열제약으로 이루어진 음절에 대한 구체적인 연구가 필요하다.

따라서 본 연구는 한국어와 중국어의 음소배열제약을 중심으로 실제 한국어를 발음하는 데 있어서 중국인 한국어 학습자가 자주 범하는 음절 발음 오류 양상을 살펴보고 이러한 오류들의 원인을 밝혀 보는 데 목적을 둔다.

본 연구를 통해 중국인 한국어 학습자의 음절 발음 교육에 도움이 될 것으로 예상된다.

2. 선행 연구

중국인 학습자를 대상으로 한 한국어 발음 교육 연구는 2000년대부터 본격적으로 시작되었고 현재까지 많은 연구가 나왔다. 이 중에서 발음과 관련된 구체적인 논의를 하고 있는 연구를 찾아보면, 한국어와 중국어의 음운 체계 대조를 통해 발음 오류 발생의 원인을 언어 음소 간의 차이라고 분석하고 오류 교정과 예방을 위한 교육 방안을 제시한 논의들이 대부분이었다.

노금송(2000)은 먼저 한국어와 중국어의 음운 체계를 분류한 다음, 분류별로 대조 비교해 그 차이점과 유사점을 찾아내었다. 그리고 중국인 학습자들이 어렵게 느껴질 거라고 생각되는 음소에 대해 예상하고 또 실제 조사과정을 거쳐 그 가설들을 검증해 보았다. 더욱이 실제 조사결과를 근거로 하여 한국어 음운의 발음 지도를 중국어 음운과 비교하여 지도하는 방법에 중점을 두고 한국어 음운 체계 안에서 모음과 자음의 분화 조건에 따라 발음 지도 방법을 제시하였다. 또한 한국어 자음과 모음의 발음에 대치되는 중국어 발음이 있는 경우에는 관련 발음을 제시하여 학습자로 하여금 한국어 발음을 더 쉽게 배울 수 있게 하였다.

최금단(2003)은 중국어의 24개 자음과 한국어의 22개 자음에 대하여 조음 음성학적인 측면에서 중·한 두 언어의 음소들이 어떠한 방식으로 어느 조음 위치에서 어떻게 조음되고 있는지를 살펴보았고, 각각의 음소들이 어떠한 변이음으로 실현되며, 실험음성학적 측면에서 각각의 음소들의 기식의 길이, 마찰의 길이, 파찰의 길이 등에서 어떠한 공통점과 차이점이 있는지에 대해 다루었다.

곡향봉(2005)은 한국어와 중국어의 자음, 모음, 음절 구조, 장단음 및 억양, 음운 현상 등에 대한 음운학적 대비 연구와 그 변이음에 대한 음성학적 대비 분석을 통해서 그 유사점과 차이점을 찾아내었다. 그다음에 대조 결과를 바탕으로 한국어 음운의 효과적인 발음 방안을 세부적으로 제시하였다.

주명진(2006)은 학습자의 모국어와 학습 대상 언어의 음운 체계 간의 차이가 학습자 발음 오류에 영향을 미친다는 것을 전제로 중국어와 한국어의 음운 체계를 '모음 체계', '자음 체계', '음절구성규칙'과 관련하여 비교하고 이를 바탕으로 중국인 학습자들의 발음 오류를 예측한 다음에 '음절내 모음의 발음 오류', '어두자음의 발음 오류', '음절말 자음의 발음 오류'로 분류하고 각 항목에 적절한 발음 교수 방안을 중국어 변이음과 연관 지어 제시하였다.

권영미(2008)는 한국어와 중국어의 음운 체계를 대조하고 중국인 학습자들이 범하기 쉬운 오류를 예측해 본 다음에 실제 발음 실태를 조사하고 분석해 보았다. 그리고 발음 오류를 최소화할 수 있는 바람직한 발음 지도 방안도 제시하였다.

여학봉(2009)은 자음의 조음 방법에 따라 한·중 두 언어 자음을 5개의 큰 부류로 구분하고 각 부류별로 한·중 두 언어 자음의 특성을 대조·분석하면서 중국인의 한국어 자음 발음 방식과 발음 실태를 살펴보았다. 이를 통해 중국인의 한국어 자음 발음에 나타나는 일련의 문제와 오류 현상은 모국어의 간섭을 심하게 받기 때문임을 확인하였고 학습자가 성인이더라도 모국어의 음성 특징을 유용하게 활용할 수 있다면 여전히 한국어 자음을 제대로 정확하게 발화할 수 있을 가능성을 확인하였다.

서승아(2010)는 의사소통을 목적으로 한국어를 학습하는 중국인을 대상으로 삼고, 한국어와 중국어의 음운 체계를 비교하여 중국인 학습자들에게서 발생할 수 있는 한국어 발음 오류를 예측해 보고, 실제 그러한 오류가 발생하는지에 대하여 발음 조사를 시행하여 찾아보았다. 그리고 이에 맞는 효율적인 한국어 자음과 모음 발음 교육 방안을 마련하였다.

최근 몇 년 사이에 한국어와 중국어의 음절 구조, 음소배열 제약에 대한 연구가 조금씩 나오고 있지만 음운 체계의 대조 연구에 비하여 비교적 많이 이루어지지 못한 현황이다.

한성우(2008)는 한국어에서 초성, 중성, 종성의 조합이 자유로운 반면에 중국어에서는 모든 성모와 운모가 자유롭게 결합하는 것이 아니라고 하며 중국어권 학습자의 경우 특정 유형의 음절 구성에 대해서 발음을 하지 못하는 경향이 있으므로 이러한 유형의 음절을 집중적으로 교육해야 한다고 말했다. 그러나 중국인 학습자들이 어려워하는 음절은 구체적으로 어떤 유형의 음절이 있는지 밝히지 않았다.

장향실(2009)은 한국어와 중국어의 음절 구조의 어떤 차이가 오류를 발생시키는지, 그리고 그러한 오류를 어떻게 교육하는 것이 좋은지에 대해 살펴보았다. 이는 중국인 학습자 대상의 음절 교육을 위한 기초적 연구라 할 수 있지만 각 음절 유형에 대하여 개괄적으로 살펴보았을 뿐이고 중국인 학습자들이 어려워하는 한국어의 음절 목록을 구체적으로 제시하지 못한 것이 한계점으로 남았다.

박나영(2010)은 한국어와 중국어에 공통적으로 존재하는 음소를 중심으로 한국어에서는 결합하지만 중국어에서는 결합하지 않는 결합 형태를 중심으로 음소배열제약에 의한 발음 오류를 살펴보았고 실제 발화하는 상황에서 어떠한 어려움이 나타나며 어떠한 환경 조건에서 나타나는지에 대해 실험을 통하여 찾아냈다. 그러나 이 연구에서는 음소결합 가운데 몇 개의 음소들만으로 실험을 진행하여 다른 형태에서 어떠한 오류가 나타나는지에 대해 자세하게 다루지 못했다.

장리(2011)는 한국어와 중국어 음절 구조와 음운 체계를 중심으로 대조 분석을 진행하였고 한국어와 중국어의 음절 구조와 음운 체계의 대응 양상에 대해 고찰하였다. 이 연구는 한·중 두 언어의 음절 구조와 음운 체계의 공통점과 차이점을 밝힌 것에 의의가 있지만 이런 언어 차이로 중국인 학습자의 발음 오류를 살펴보지 못한 한계점이 있다.

정해연(2011)은 한국어와 중국어의 음절 대조 분석을 통해서 한·중 음절의 공통점과 차이점을 밝히고 이러한 차이점에 의하여 발음 오류를 예측한 다음에 실제로 조사하여 살펴보았다. 그러나 음절의 초성, 중성, 종성을 나누어서 각각 일어나는 오류에 대해서만 살펴봤고 실제 초성, 중성, 종성을 음절로 이루어질 경우에 어떤 음절 오류가 나타나는지에 대한 연구가 이루어지지 않았다.

창성난(2012)은 한국어와 중국어의 음절 구조와 음소 체계를 먼저 살펴보았고 한·중 유사성이 있는 음소들을 중심으로 두 언어의 초성과 중성, 중성과 종성, 종성과 초성의 음소배열제약을 비교해 보았다. 그러나 이런 음소배열제약의 차이로 인해서 생길 오류만 간단히 예측했고 실제로 어떤 오류가 생기는지에 대하여 조사하지 않았다. 또한 이 연구에는 초성-중성, 중성-종성, 종성-초성의 음소배열제약만 살펴보았으나 초성-중성-종성의 연결에서 나타나는 제약은 다루지 않았다.

송리연(2019)은 표준 중국어의 음소배열제약으로 인한 중국인 학습자의 한국어 발음 오류를 분석하는 데 목적을 두고 '초성-중성-(7종성)' 결합, '종성 + 초성' 결합 음절의 발음 오류를 고찰하였다. 그러나 오류 원인에 대한 분석은 음소배열제약 외에 한국어의 음운 현상 등 다양한 측면에서 접근하여 논의가 일관되지 못했다는 점이 아쉬움으로 남는다.

노채환(2020)은 한국어와 중국어의 음절 구조 및 양 언어 모음의 내적 구조를 바탕으로 중국인 학습자들이 산출하는 한국어 이중모음 오류에 대해 음운론적으로 분석하였다. 구성원소 이론을 바탕으로 오류의 양상을 탈락, 재해석, 재구조화로 유형화하였다는 점에서 연구의 의의를 찾을 수 있으나 오류를 범하는 심층적 원인, 즉 음절 구조의 차이에 대한 논의가 없었다.

이상 선행연구를 살펴본 결과, 한국어와 중국어의 음절 구조를 비교해서 음절 오류를 예측하는 연구에서 대부분이 이론적인 논의뿐이고 실제 발음에 있어서 어떤 음절 오류들이 나타나는지에 대하여 자세하게 다룬 연구는 찾아보기 힘든 실정이다.

3. 연구 범위 및 연구 방법

본 연구는 음소배열제약을 중심으로 중국인 학습자들이 한국어 발화 시 자주 범하는 발음 오류 및 그 오류의 원인을 살펴보는 연구이다.

한국어에서는 음소배열제약과 관련된 여러 가지 제약이 있지만 한 음절 내에서는 기본적으로 초성, 중성, 종성의 조합이 비교적으로 자유롭다. 그러나 중국어에서는 한국어와 달리 모든 성모와 운모가 자유롭게 결합하는 것이 아니다. 비록 두 언어 체계에서 같거나 비슷한 음소가 존재하지만 이러한 음소배열제약의 차이로 인해 중국어에서 결합하지 않는 음소배열로 이루어진 한국어 음절을 발음할 때 중국인 학습자들이 많은 어려움을 느낀다. 따라서 본 연구는 한국어와 중국어에 공통적으로 존재하는 음소를 중심으로 초성-중성, (초성)-중성-종성으로 나누어 한국어에서는 결합이 가능하지만 중국어에서는 전형적이고 일반적인 음소배열제약으로 인해 결합할 수 없는 음절 형태를 위주로 살펴보고자 한다. 그리고 한국어의 경우, 두 개의 음절을 연결할 때 앞 음절의 종성과 뒤 음절의 초성 사이에도 음소배열제약으로 인한 비음화 현상, 유음화 현상 등 음운 현상이 일어나므로 종성-초성의 음소배열제약도 연구 범위로 삼겠다.

이를 위하여 2장에서는 선행 연구를 바탕으로 한국어와 중국어의 음소 체계를 비교 대조하고 지배음운론의 구성 원소 이론을 소개하고자 한다. 그리고 한국어와 중국어의 음소 체계를 비교할 때 각 음소에 대하여 대표음과 변이음을 자세히 비교하면서 살펴보겠다. 이는 각 음소가 서로 결합하여 음절로 이루어질 때 대표음 외에 변이음으로도 나타나는 경우가 많으므로 음절 발음 오류를 연구할 때 변이음도 필수적으로 논의해야 할 부분이기 때문이다. 그다음에 지배음운론의 관점에서 한국어 자음, 모음의 구성 원소를 소개하겠다. 한국어 자음과 모음의 구성 원소는 이미 여러 학자들에 의하여 연구가 진행되었고 그 타당성 또한 입증되었으므로 본 연구에서는 이를 따른다.

3장에서는 한국어와 중국어에 공통적으로 존재하는 음소를 중심으로 초성-중성, (초성)-중성-종성, 종성-초성 3가지 유형으로 나누어서 관련 음소배열제약을 자세히 분석·대조하고자 한다.

4장에서는 초성-중성, (초성)-중성-종성, 종성-초성 세 가지 유형의 음소배열제약 중 전형적이고 일반적인 음소배열제약으로 인한 중국인 학습자의 발음 오류를 실험을 통하여 밝혀 보고 관련 오류 원인에 대하여 구성 원소 이론을 적용해서 분석해 보겠다.

5장에서는 한 걸음 더 나아가 한국어에서 결합이 가능하나 중국어에서 전형적이고 일반적인 음소배열제약으로 인하여 결합할 수 없는 음절의 발음 오류 양상이 언어 숙달도에 따라 달라지는지를 실험을 통하여 살펴보고자 한다.

6장에서는 앞의 논의를 정리하고 결론을 내릴 것이다.

제2장

이론적 배경

1. 한·중 음소 체계 대조

중국인 학습자의 한국어 음절 발음 오류를 분석하려면 먼저 자음과 모음을 포함한 두 나라 언어의 음소 체계를 잘 정리하고 비교해야 한다. 그리고 각 음소가 서로 결합하여 음절로 이루어질 때 대표음 외에 변이음으로도 나타나는 경우가 많으므로 음절 발음 오류를 연구할 때 변이음도 필수적으로 논의해야 할 부분이다. 본 절에서는 먼저 한국어와 중국어의 음소 체계를 간단히 살펴본 후 음소 체계에 있는 모든 음소를 대표음 및 변이음을 포함하여 자세히 다루고 비교하고자 한다.

1.1. 한·중 자음 체계 대조

자음은 목, 혀, 입 따위의 발음 기관에 의하여 장애를 받으면서 만들어지는 소리이다. 한국어에서 자음은 조음 위치와 조음 방법, 발성 유형에 따라 19개의 소리로 구성된다. 조음 위치에 따르면 양순음, 치경음, 치경경구개음, 연구개음, 성문음으로 나눌 수 있고, 조음 방법에 따르면 파열음, 마찰음, 파찰음, 비음, 유음으로 나눌 수 있으며, 장애음 중에서 발성 유형에 따르면 평음, 경음, 격음으로 나눌 수 있다. 한국어에 존재하는 19개 음소는 각각 /ㄱ, ㄲ, ㅋ, ㄷ, ㄸ, ㅌ, ㅂ, ㅃ, ㅍ, ㅈ, ㅉ, ㅊ, ㅅ, ㅆ, ㅎ, ㅇ, ㄴ, ㅁ, ㄹ/이다. 이를 표로 나타내면 다음과 같다.

〈표 1〉 한국어 자음 체계

		양순음	치경음	치경경구개음	연구개음	성문음
파열음	평음	ㅂ [p]	ㄷ [t]		ㄱ [k]	
	경음	ㅃ [p']	ㄸ [t']		ㄲ [k']	
	격음	ㅍ [pʰ]	ㅌ [tʰ]		ㅋ [kʰ]	
마찰음	평음		ㅅ [s]			ㅎ [h]
	경음		ㅆ [s']			
파찰음	평음			ㅈ [tʃ]		
	경음			ㅉ [tʃ']		
	격음			ㅊ [tʃʰ]		
비음		ㅁ [m]	ㄴ [n]		ㅇ [ŋ]	
유음			ㄹ [l]			

중국어 표준어의 자음은 총 22개가 있다. 발음 위치에 따라 양순음, 순치음, 치음, 후치조음, 경구개음, 연구개음으로 나눌 수가 있고, 발음 방법에 따르면 파열음, 마찰음, 파찰음, 비음, 유음, 설측음으로 나눌 수 있다. 파열음과 파찰음은 한국어와 달리 무기음과 유기음으로 구성된다. 중국어에 존재하는 22개 음소는 각각 /b, p, m, f, d, t, n, l, g, k, h, j, q, x, zh, ch, sh,

r, z, c, s, ng/이다. 중국어 자음 체계는 다음과 같은 표로 나타
낼 수 있다.

〈표 2〉 중국어 자음 체계

		양순음	순치음	치음	후치조음	경구개음	연구개음
파열음	무기 무성	b [p]		d [t]			g [k]
	유기 무성	p [pʰ]		t [tʰ]			k [kʰ]
마찰음			f [f]	s [s]	sh [ʂ]	x [ɕ]	
파찰음	무기 무성			z [ts]	zh [tʂ]	j [tɕ]	
	유기 무성			c [tsʰ]	ch [tʂʰ]	q [tɕʰ]	h [x]
비음	유성	m [m]		n [n]			ng1) [ŋ]
유음					r [ɻ]		
설측음				l [l]			

이상으로 한국어와 중국어의 자음 및 자음의 대표음을 간단
히 살펴본 결과, 한국어와 중국어의 자음 체계 중에 조음 위치
나 조음 방법에서 비슷한 발음이 많지만 음성적으로 완전히 일
치하는 음소는 많지 않다. 따라서 본 연구에서는 조음 위치별
로 나누어서 유사한 음소들의 대표음과 변이음을 자세히 비교
하면서 살펴보겠다.

---

1) 중국어의 자음 /ng/가 음절 끝, 즉 종성에만 나타나고 초성 위치에는 나타나지 않는다.

1) 유사한 한·중 자음 대조[2)]

(1) 순음 대조

한국어와 중국어의 순음 중 대표음이 일치하는 자음은 /ㅂ/과 /b/, /ㅍ/과 /p/, 그리고 /ㅁ/과 /m/이 있다. 각 음소의 대표음 및 변이음은 다음과 같다.

〈표 3〉한·중 순음 대조

대표음	[p]		[p]		[pʰ]	[pʰ]	[m]	[m]
음소	한		중		한	중	한	중
	/ㅂ/		/b/		/ㅍ/	/p/	/ㅁ/	/m/
변이음	[p]	초성 자리	[p]	경성 음절이 아닌 경우	[pʰ] 변이가 두드러지지 않음	[pʰ] 변이가 두드러지지 않음	[m] 변이가 두드러지지 않음	[m] 변이가 두드러지지 않음
	[b]	유성음 사이	[b]	경성 음절				
	[p˺]	종성 자리						
	[β]	유성음화 나타나는 경우 [b]와 수의적으로 교체						

---

2) 본고에서 한국어 각 자음의 대표음 및 변이음은 허웅(1985: 186-198)을 참고하였고 중국어 각 자음의 대표음 및 변이음은 창성난(2012: 12-20)을 참고하였다.

(2) 치음 대조

한국어와 중국어 치음 중 대표음이 일치하는 자음은 /ㄷ/과 /d/, /ㅌ/과 /t/, /ㄴ/과 /n/, /ㄹ/과 /l/, 그리고 /ㅅ/과 /s/가 있다. 우선 자음 /ㄷ/과 /d/, /ㅌ/과 /t/, 그리고 /ㅅ/과 /s/의 대표음 및 변이음은 다음과 같다.[3)

〈표 4-1〉 한·중 치음 [t], [tʰ], [s] 대조

대표음	[t]		[t]		[tʰ]		[tʰ]		[s]		[s]	
음소	한		중		한		중		한		중	
	/ㄷ/		/d/		/ㅌ/		/t/		/ㅅ/		/s/	
변이음	[t]	초성 자리	[t]	경성 음절 아닌 경우	[tʰ]	변이가 두드러지지 않음	[tʰ]	변이가 두드러지지 않음	[s]	/j, i, y, ɥ/ 외 다른 모음 앞	[s]	변이가 두드러지지 않음
	[d]	유성음 사이	[d]	경성 음절에서, 유성음 사이인 경우					[ɕ]	/j, i/ 앞		
	[t̚]	종성 자리							[ʃ]	/y, ɥ/ 앞		

---

3) 한·중 치조음의 대조표를 두 개로 나누어서 만든 이유는 단지 책 작성 공간 제한 때문이고 다른 특별한 이유가 없다.

자음 /ㄴ/과 /n/, /ㄹ/과 /l/의 대표음 및 변이음 비교는 다음과 같다.

<표 4-2> 한·중 치음 [l], [n] 대조

대표음	[l]		[l]	[n]		[n]	
음소	한		중	한		중	
	/ㄹ/		/l/	/ㄴ/		/n/	
변이음	[l]	종성 자리 혹은 모음 사이에서 뒤에 소리가 /i, j/가 아닌 경우	[l] 변이가 두드러지지 않음	[n]	/i, j/ 이외 모음 앞	[n]	/i, y/ 이외 모음앞
	[r]	모음 사이에서 초성으로 단독 나타나는 경우					
	[r]	강조될 때 [r]와 수의적으로 교체		[n]	/i, j/ 앞	[n]4)	/i, y/ 앞
	[ʎ]	모음 사이에서 뒤에 소리가 /i, j/인 경우					

(3) 경구개음 대조

한국어와 중국어에서 유사한 경구개음은 /ㅈ/과 /j/, /ㅊ/과 /q/가 있다. 유사한 각 음소의 대표음 및 변이음은 다음과 같다.

---

4) 창성난(2012)에서 중국어의 치음 /n/의 변이가 두드러지지 않는다고 보지만 뚜안무 싼(2005: 39)에 의하면 치음 /n/가 /i, y/와 결합할 때 고모음으로부터 자질 전파가 되어 그 치음이 구개음화된다고 주장하였다.

대표음		[tʃ]		[tɕ]	[tʃʰ]	[tɕʰ]
음소		한		중	한	중
		/ㅈ/		/j/	/ㅊ/	/q/
변이음	[tʃ]	유성음 사이가 아닌 경우 수의적으로 교체	[tɕ]	경성음절이 아닌 경우	유성음 사이가 아닌 경우; 수의적으로 교체	변이가 두드러지지 않음
	[ts]					
	[dz]	유성음 사이에서 수의적으로 교체	[dʑ]	경성음절	[tʃʰ]	[tɕʰ]
	[dʒ]					
	[z]	모음 사이에서 [dz], [dʒ]와 수의적으로 교체				
	[z]					

(4) 연구개음 대조

한국어와 중국어 연구개음 중 대표음이 일치하는 자음은 /ㄱ/과 /g/, /ㅋ/과 /k/, /ㅇ/과 /ng/이 있다. 각 음소의 대표음 및 변이음은 다음과 같다.[5]

---

5) 한·중 연구개음의 대조표를 두 개로 나누어서 만든 이유는 단지 책 작성 공간 제한 때문이고 다른 특별한 이유가 없다.

<表 6-1> 한·중 연구개음 [k], [kʰ] 대조

대표음	[k]		[k]		[kʰ]		[kʰ]	
음소	한		중		한		중	
	/ㄱ/		/g/		/ㅋ/		/k/	
변이음	[k]	초성 자리	[k]	경성음절이 아닌 경우	[kʰ]	변이가 두드러지지 않음	[kʰ]	변이가 두드러지지 않음
	[g]	유성음 사이	[g]	경성음절				
	[k̚]	종성 자리						
	[ɣ]	유성음화 환경, [g]와 수의적으로 교체			[qʰ]	[w]나 [u], [o] 앞에 [kʰ]와 수의적으로 교체		
	[q]	[w], [u], [o] 앞에 [k]와 수의적으로 교체						
	[ɢ]	[w], [u], [o] 앞에 [k]와 수의적으로 교체						

<표 6-2> 한·중 연구개음 [ŋ] 대조

대표음	[ŋ]		[ŋ]	
음소	한		중	
	/ㅇ/		/ng/	
변이음	[ŋ]	종성 자리	[ŋ]	변이가 두드러지지 않음
	[N]	/u/, /w/ 앞, [ŋ]와 수의적으로 교체		

이상으로 조음위치상 유사한 한·중 자음을 모두 살펴보았다. 이상 표에서 나온 바와 같이, 한국어 자음에서 경음을 제외하고 나머지 대부분의 자음은 중국어의 자음 체계에서 유사한 발음을 찾을 수 있다.

2) 한국어에는 있고 중국어에는 없는 자음

한국어에는 있고 중국어에는 없는 자음은 경음, 즉 /ㅃ/, /ㄸ/, /ㅉ/, /ㄲ/, /ㅆ/이 있다.

<표 7> 한국어에만 존재하는 자음

대표음		[p']		[t']		[tʃ']		[k']		[s']
음소		/ㅃ/		/ㄸ/		/ㅉ/		/ㄲ/		/ㅆ/
변이음	[p']	변이가 두드러지지 않음	[t']	변이가 두드러지지 않음	[tʃ'] [ts']	수의적으로 교체	[k'] [q']	변이가 두드러지지 않음 [w], [u], [o] 앞에 [k']와 수의적으로 교체	[s'] [ɕ']	/i, j/ 이 외의 다른 모음 앞 /i, j/ 앞

3) 중국어에는 있고 한국어에는 없는 자음

중국어에만 존재하는 자음은 주로 /f/, /zh/, /ch/, /sh/, /r/가 있다.

<표 8> 중국어에만 존재하는 자음

대표음	[f]	[tʂ]		[tʂʰ]	[ʂ]	[ʐ]	
음소	/f/	/zh/		/ch/	/sh/	/r/	
변이음	[f] 변이가 두드러지지 않음	[tʂ]	경성음절 아닌 경우	[tʂʰ] 변이가 두드러지지 않음	[ʂ] 변이가 두드러지지 않음	[ʐ]	변이가 두드러지지 않음
		[dʐ]	경성음절에서, 유성음 사이			[ɻ]	조음 방법에 따라 [ʐ]와 수의적으로 교체
						[ɹ]	조음 위치에 따라 [ʐ]와 수의적으로 교체

4) 해당 대표음이 한국어의 변이음으로 존재하는 중국어 자음

이상 살펴본 자음 외에, 중국어에서 일부 자음들의 대표음이 한국어 자음의 변이음으로 존재하는 경우도 발견할 수 있다.

<표 9> 해당 대표음이 한국어 변이음으로 존재하는 중국어 자음

음소	대표음	변이음		대응되는 한국어 자음 및 변이음
/z/	[ts]	[ts]	경성음절이 아닌 경우	/ㅈ/의 변이음 [ts]
		[dz]	경성음절	/ㅈ/의 변이음 [dz]
/c/	[tsʰ]	변이가 두드러지지 않음		/ㅊ/의 변이음 [tsʰ]
/x/	[ɕ]	변이가 두드러지지 않음		/ㅅ/의 변이음 [ɕ]
/h/	[x]	변이가 두드러지지 않음		/ㅎ/의 변이음 [x][6]

---

6) 창성난(2012)에서 한국어의 /ㅎ/ 음소를 중국어에 없는 자음으로 보고 있지만 신지영 (2012: 126)에 의하면, /ㅎ/ 음소의 변이음으로서 [x]가 존재한다. 한국어 /ㅎ/의 대표음 및 변이음은 다음과 같다.

1.2. 한·중 모음 체계 대조

모음은 조음 과정에서 목, 혀, 입 따위의 발음 기관에 의하여 아무런 장애를 받지 않고 만들어지는 소리이다. 본 절에서는 한국어와 중국어의 모음 체계를 대조 분석함으로써 음성학적인 측면에서 한·중 모음 체계의 유사점과 차이점을 찾아내고자 한다.

1) 한·중 단모음 체계 대조

「표준 발음법」에서 규정한 한국어 단순모음 체계는 10모음 체계이다. 이 중에서 /ㅚ/, /ㅟ/를 이중모음으로 인정하는 경우에는 8모음 체계가 된다. 그리고 /ㅐ/와 /ㅔ/를 구별하지 않는 현실을 감안하면 7모음 체계가 된다. 그런데 중국인 학습자의 발음 오류를 다루는 본 연구에서는 한국어의 단모음 체계를 /ㅏ, ㅓ, ㅗ, ㅜ, ㅣ, ㅡ, ㅔ,[7] ㅟ/의 8모음 체계로 하도록 한다. 그것은 중국어 단모음 체계에 /ø/는 없으나 /ü/가 존재하여 중국인 학습자는 한국어의 /ㅟ/를 단모음으로 발음하기 때문이다.

/ㅎ/	[h]	어두 /j, i, wi, ɯ,, u, o/ 외 다른 모음 앞
	[x]	어두 /ɯ/ 앞
	[ɸ^w]	어두 /u, o/ 앞
	[ç]	어두 /j, i, wi/ 앞
	[j]/[ɣ]/[β^w]/[ɦ]	어중에서 실현된 유성음 대응체

7) 신지영(2012: 160-163)에 의하면, 실제 발화에서 /ㅐ/와 /ㅔ/가 더 이상 각각의 모음 영역을 가지고 화자들에게 구분되어 존재하지 않고 합류하여 하나의 모음으로 존재한다고 말했고 두 모음의 실제 발음은 [ɛ]라고 밝혔다. 이에 따라 본고는 /ㅐ/와 /ㅔ/ 두 개의 음소 중 대표 음소를 /ㅔ/로 선정하여 그 발음이 [ɛ]로 보겠다.

吳宗濟(1992)에 따르면, 중국어의 단모음의 분류는 기본적으로 /a/ [a], /o/ [o], /e/ [ɤ], /i/ [i], /u/ [u], /ü/ [y], /ï/ [ɿ], /i/ [ʅ], /ê/ [ɛ], /er/ [ɚ] 총 10개로 나눌 수 있는데 이 중에 /er/ [ɚ]를 제외하고 /ï/ [ɿ]와 /i/ [ʅ]를 /i/ [i]의 변이음으로 보면 7모음 체계가 된다. /er/ [ɚ]를 제외한 이유는 이 발음이 스스로 음절을 이룰 뿐 성모와 합쳐지지 않으며 운모가 얼화(儿化)한 것이기 때문이다. 중국어 7개의 단모음을 한국어의 단모음과 대조하면 다음과 같다.

〈표 10〉 한·중 단모음 대조

혀의 위치 / 혀의 높이	전설 모음				중설 모음				후설 모음			
	평순		원순		평순		원순		평순		원순	
	한	중	한	중	한	중	한	중	한	중	한	중
고모음	ㅣ[i]	i [i]	ㅟ[y]	ü [y]					ㅡ[ɯ]		ㅜ[u]	u [u]
중모음	ㅔ[e]	ê [ɛ]							ㅓ[ə]	e [ɤ]	ㅗ[o]	o [o]
저모음					ㅏ[a]	a [a]						

위 <표 10>을 보면, 중국어의 단모음 체계에서 /ㅡ/를 제외한 나머지 한국어 단모음에 해당되는 발음을 모두 찾을 수 있다. 이러한 유사한 음소들을 혀의 높이에 따라 고모음, 중모음, 저모음으로 나눠서 자세히 살펴보겠다.

(1) 고모음 대조

한국어와 중국어에서 유사한 고모음은 /ㅣ/와 /i/, /ㅟ/와 /ü/, /ㅜ/와 /u/가 있다. 각 음소의 대표음 및 변이음은 다음과 같다.

〈표 11〉 한·중 고모음 대조

대표음	[i]		[i]		[y]	[y]	[u]	[u]
음소	한		중		한	중	한	중
	/ㅣ/		/i/		/ㅟ/	/ü/	/ㅜ/	/u/
변이음	[i]	변이가 두드러지지 않음	[i]	단독으로 모음을 구성할 때; 일반적인 자음과 결합하는 경우; 비음 /n, ŋ/ 앞	[y]	[y]	[u]	[u]
			[ɿ]	설첨전음 /z, c, s/와 결합하는 경우	변이가 두드러지지 않음	변이가 두드러지지 않음	변이가 두드러지지 않음	변이가 두드러지지 않음
			[ʅ]	설첨후음 /zh, ch, sh, r/와 결합하는 경우				

(2) 중모음 대조

한국어와 중국어에서 유사한 중모음은 /ㅓ/와 /e/, /ㅗ/와 /o/, /ㅔ/와 /ê/가 있다. 각 음소들의 대표음 및 변이음은 다음과 같다.

〈표 12〉 한·중 중모음 대조

대표음	[ə]	[ɣ]	[o]	[o]	[ɛ]	[ɛ]
음소	한	중	한	중	한	중
	/ㅓ/	/e/	/ㅗ/	/o/	/ㅔ/	/ê/

변이음	[ə] 긴소리인 경우	[ə]	비음 /n, ŋ/ 앞	[o]	변이가 두드러지지 않음	[o]	단독으로 읽거나 앞에 자음과 결합하는 경우; /u/ 뒤에 나타나는 경우			[ɛ]	변이가 두드러지지 않음	[ɛ]	변이가 두드러지지 않음
	[ʌ] 짧은 소리인 경우												
		[e]	/i/ 앞에 오는경우			[ʊ]	/a/ 뒤에 오는 경우; 비음, 자음 앞에 오는 경우	[ɛ]	변이가 두드러지지 않음	[ɛ]	변이가 두드러지지 않음		
		[ɛ]	/i/, /iŋ/ 뒤에 오는 경우										
		[ɣ]	단독으로 읽는 경우; 일반적인 자음과 결합하는 경우										

(3) 저모음 대조

한국어와 중국어에서 유사한 저모음은 /ㅏ/와 /a/이다. 이 두 개 음소의 대표음과 변이음은 다음과 같다.

〈표 13〉 한·중 저모음 대조

대표음	[a]		[a]	
음소	한		중	
	/ㅏ/		/a/	
변이음	[a]	변이가 두드러지지 않음	[a]	단독으로 읽는 경우; 자음 /i, u/와 결합해서 이중모음으로 이루는 경우; 뒤에 /i/ 혹은 /n/이 오는 경우
			[ɑ]	뒤에 /o/ 혹은 /ŋ/이 오는 경우
			[ɛ]	/i/와 /n/ 사이에 오는 경우

위의 표를 보면, 한국어 단모음 체계 중 중국어의 단모음과 발음이 같거나 유사한 음소는 /ㅏ/, /ㅓ/, /ㅗ/, /ㅜ/, /ㅟ/, /ㅣ/, /ㅔ/가 있는 것을 알 수 있다.

2) 한·중 이중모음 체계 대조

전통적인 관점에서 본 한국어의 이중모음은 /ㅑ, ㅕ, ㅛ, ㅠ, ㅖ, ㅒ, ㅘ, ㅝ, ㅟ, ㅙ, ㅞ, ㅚ, ㅢ/ 총 13개가 있다. /ㅟ/는 앞서 언급한 바와 같이 논의의 편의상 단모음 체계에 넣었다. /ㅖ/와 /ㅒ/는 현재에도 구별 없이 사용되므로 이 두 개의 소리를 같은 발음으로 보겠다. 배주채(2003)에 따르면 표기상으로 /ㅙ, ㅚ/ 가 더 있으나 이들은 /ㅞ/의 발음과 일치한다. 따라서 실제로 이중모음 체계는 9모음 체계로 볼 수 있다.

〈표 14〉 한·중 이중모음 대조

한	중	한	중	한	중	한	중	한	중
[j]	제치호	[w]	합구호	[ɰ]			촬구호		개구호
ㅑ[ja]	ia[ia]	ㅘ[wa]	ua[ua]	ㅢ[ɰi]			üe[yɛ]		ai[ae]
ㅕ[jə]		ㅝ[wə]							ei[eɪ]
ㅛ[jo]		ㅞ[wɛ][8)]							ao[aʊ]
ㅠ[ju]			uo[uo]						ou[oʊ]
ㅖ[jɛ][9)]	ie[iɛ]								

---

8) 본 연구는 배주채(2013: 66)에 따라 /ㅞ/를 /ㅞ, ㅙ, ㅚ/의 대표음소로 선정하였다.
9) 본 연구는 배주채(2013: 66)에 따라 /ㅖ/를 /ㅖ, ㅒ/의 대표음소로 선정하였다.

3) 중국어의 삼중모음 및 비운모

중국어의 삼중모음은 모두 모음으로 구성된 것이므로 중성 자리에 나타나고 비운모의 비음 부분은 자음이므로 종성 자리에 나타난다.

〈표 15〉 중국어 삼중모음 및 비운모

제치호		합구호		촬구호		개구호	
삼중모음	비운모	삼중모음	비운모	삼중모음	비운모	삼중모음	비운모
iao [iɑʊ]	in [in]	uai [uae]	uan [uan]		ün [yn]		an [an]
iou [ioʊ]	ian [iɛn]	uei [ueɪ]	uen [uən]		üan [yɛn]		en [ən]
	ing [iəŋ]		uang [uɑŋ]				ang [ɑŋ]
	iang [iɑŋ]		ueng [uəŋ]				eng [əŋ]
	iong [iʊŋ]						ong [ʊŋ]

위의 표를 살펴보면, 한국어의 단모음 체계 중 중국어의 단모음과 발음이 같거나 유사한 음소는 /ㅏ/, /ㅓ/, /ㅗ/, /ㅜ/, /ㅟ/, /ㅣ/, /ㅔ/가 있고, 이중모음 체계 중 중국어와 발음이 같거나 유사한 이중모음은 /ㅑ/, /ㅖ/, /ㅘ/가 있는 것을 발견할 수 있다.

2. 구성 원소 이론

지배음운론은 촘스키가 주장한 보편성과 특수성의 원리를

음운론에 적용시켜 발달한 이론이다. 즉, 모든 언어에는 공통적으로 적용되는 보편적 원리가 있으며, 각 언어에 나타나는 특수한 매개변수는 이 보편적 원리에 바탕을 두고 있다. 이 음운론은 대부분의 다른 비단선 음운론과 마찬가지로 자의적인 해석을 배격하고 보다 논리적인 방법으로 음운 현상을 설명할 수 있는 방법을 모색하는 데 목적을 두고 있다. 대부분의 음운 현상이 음절 구조와 분절음의 내적 구조와 밀접한 관계가 있기 때문에 지배음운론의 핵심적인 내용을 또한 음절 구조와 분절음의 내적 구조와 관련된 사항에 두고 있다.

지배음운론에서는 분절음의 가장 작은 단위를 구성 원소로서 나타낸다. 이것은 변별적 자질과 달리 그 자체가 발음이 가능하다. 구성 원소 목록은 다음과 같이 정할 수 있다.

〈표 16〉 구성 원소 목록

구성 원소	모음의 표시 체계	자음의 표시 체계
A	non-highness	coronality
U	roundness	labiality
I	frontness	palatality
?	-	occlusion
H	-	head: stiff vocal cords
	operator: high tone	operator: noise(narrowed)
L	head: nasality	head: slack vocal cords
	operator: low tone	operator: nasality

출처: 허용·김선정, 1999: 56

2.1. 한국어 모음의 구성 원소

구성 원소 중 모음과 관련된 것은 주로 A, I, U가 있다. A는 개구성, I는 전설성, U는 원순성의 특성을 가진다. 모든 모음은 하나 또는 둘 이상의 원소의 결합으로 이루어진다. 하나의 원소로 이루어진 모음은 단순모음이고 둘 이상의 원소들이 결합하여 이루어진 모음은 복합모음이라고 한다. 그리고 복합모음들로 형성하는 구성 원소들은 대등하게 결합하는 것이 아니라 주종 관계로 결합한다. 다시 말하면, 하나의 구성 원소만이 머리자(head)가 되고, 나머지는 연산자(operator)가 된다. 머리자는 중추적인 역할을 담당하고 연산자는 머리자를 돕는 역할을 한다. 그리고 이 세 가지 원소 외에 중립적인 상태, 즉 저음성, 전설성, 원순성의 어떠한 성격도 갖지 않는 모음이 있는데 이의 음성적 해석은 한국어의 '으' 모음과 같다.

위의 이론을 바탕으로 각 모음의 내적 구조를 구성 원소로 표시할 수 있다. 원소들의 결합에서 가장 중요한 두 개 이상의 머리자가 있는 분절음은 허용되지 않는다. 산술적으로 A, I, U 구성 원소가 머리자와 연산자 간의 아무런 제약 없이 자유롭게 결합할 수 있다고 가정할 경우 12개의 분절음이 생성되고 머리자가 없는 분절음은 8개가 산출된다.

구성 원소의 합에 의하여 산출되는 20개의 모음은 인간 언어에서 나타날 수 있는 모음들이다. 그러나 어느 한 언어에서 나타나는 모음의 수는 이것보다 적은데 이를 위하여 Kaye(1994)

는 '승인 제약 조건(Licensing Principle)'을 제기하였다. '승인 제약'이란 일정한 조건을 제시함으로써 그 조건을 만족시키지 못하는 후보들은 그 언어의 모음 체계에서 제외시키는 원리라고 할 수 있다. 허용·김선정(1999)에 따르면 한국어 모음의 승인 제약 조건은 다음과 같다.

> * 한국어 모음의 승인 제약 조건
> a. 구성 원소 I는 머리자여야만 한다.
> b. 구성 원소 U는 머리자여야만 한다.

이러한 승인 제약을 따르면 한국어 모음의 구성 요소를 다음과 같이 나타낼 수 있다.

(1) 현대 한국어 단모음의 내적 구조

i	a	u	o	ε	ə	ɨ
|	|	|	|	|	|	|
x	x	x	x	x	x	x
|	|	|	|	|	|	|
I	A	U	U	A	Ø	Ø
|	|	|	|	|	|	|
Ø	Ø	Ø	A	I	A	Ø

2.2. 한국어 자음의 구성 원소

자음과 관련된 구성 원소는 크게 조음 위치와 관계된 구성 원소들과 조음 방법과 관계된 구성 원소로 나눌 수 있다. 이러

한 구성 원소들이 자음의 표시 체계에서 어떠한 역할을 하는지
에 관하여 간략히 설명하자면, A는 설정음, I는 구개음, U는
순음의 표시에 사용되고 H는 발화 시에 나타나는 소음을 나타
내고 L은 비음을 나타낸다. 한국어에서 사용되는 19개의 자음
을 구성 원소로 표시하면 다음과 같다.[10]

(2) 머리자가 없는 분절음

```
p     t     k     s     c     h     m     n     ŋ     r
|     |     |     |     |     |     |     |     |     |
x     x     x     x     x     x     x     x     x     x
|     |     |     |     |     |     |     |     |     |
H     H     H     H     H     H     L     L     L     A
|     |     |     |     |           |     |     |
?     ?     ?     A     ?           ?     ?     ?
|     |           |     |                 |     |
U     A                 A                 U     A
                        |
                        I
```

---

10) 자음의 구성 원소에 관하여 김선정(1996), Rhee(2002)를 참고하였다.

(3) 머리자가 있는 분절음

```
p'          t'          k'          s'          c'
|           |           |           |           |
x           x           x           x           x
|           |           |           |           |
H           H           H           H           H
|           |           |           |           |
?           ?           ?           A           ?
|           |                                   |
U           A                                   A
                                                |
                                                I
```

(4) 격음

```
pʰ          tʰ          kʰ          cʰ
|           |           |           |
x           x           x           x
/ \         / \         / \         / \
? /         ? /         ? /         ? /
| /         | /         | /         | /
|/          |/          |/          |/
H           H           H           H
|           |           |           |
U           A           A           A
                                    |
                                    I
```

지배음운론에서 이러한 구성 원소 이론을 바탕으로 음운 변동을 설명하고 있고 모든 음운 변동은 원소들의 결합과 분리에 의해서 이루어진다고 본다.

제3장

한·중 음소
배열제약 대조

음소배열제약은 음소와 음소의 결합을 제한하는 제약이다. 이진호(2012)는 음소배열제약과 음절구조제약,[11] 음절연결제약을 구분하여 설명하는 것이 더 타당하다고 주장하였다. 하지만 배주채(2013)에 따르면 음절구조제약은 한 음절이 적격한가, 부적격한가에 관한 것인데, 이에 비해 음절연결제약은 적격한 두 음절의 연결이 가능한가, 불가능한가에 관한 것이다. 이 두 제약을 음절이라는 단위와 관계없이 관찰하면 분절음과 분절음의 연결에 관한 제약이라는 점에서 공통적이다. 따라서 본 연구에서 이 두 개의 제약 중 음소와 음소 사이에 제약이 있는 경우 모두 음소배열제약으로 포함시키고 다루겠다.

한·중 음소배열제약에 대하여 본격적으로 논의하기 전에 우선 2장에서 논의했던 한국어와 중국어에 공통적으로 존재하는 음소를 참고하여 초성, 중성, 종성에서 비교할 음소를 다음

---

11) 이진호(2012: 106)는 음절 구조에 대한 정보를 언급해야만 그 제약을 제대로 설명할 수 있다면 음절구조제약에 포함된다고 주장한다. 예를 들어, 중성에 이중모음 '의'가 오면 종성에는 자음이 올 수 없다는 제약이 음절구조제약에 포함시키고 있다.

과 같이 정해 보겠다.

〈표 17〉 한·중 비교 음소

		음소												
초성	한	/ㅂ/, /ㅍ/, /ㅁ/, /ㄷ/, /ㅌ/, /ㄴ/, /ㄹ/, /ㅅ/, /ㄱ/, /ㅋ/, /ㅈ/, /ㅊ/, /ㅎ/
	중	/b/, /p/, /m/, /d/, /t/, /n/, /l/, /s/, /x/, /g/, /k/, /j/, /z/, /q/, /c/, /h/
중성	한	/ㅏ/, /ㅓ/, /ㅗ/, /ㅜ/, /ㅟ/, /ㅣ/, /ㅔ/, /ㅑ/, /ㅖ/, /ㅘ/
	중	/a/, /e/, /o/, /u/, /ü/, /i/, /ê/, /ia/, /ie/, /ua/
종성	한	/ㄴ/, /ㅇ/
	중	/n/, /ng/

　본 장에서는 음소배열제약을 '초성-중성', '(초성)-중성-종성', '종성-초성' 세 가지 유형으로 나누어서 논의할 것이다. 세 가지 유형에서 한국어와 중국어의 음소배열제약을 각각 자세히 살펴본 뒤 위의 <표 17>에서 나열한 한·중 비슷한 음소를 위주로 음소배열제약을 대조하고자 한다.

1. 초성-중성 음소배열제약 대조

1.1. 한국어 초성-중성 음소배열제약[12]

　한국어에서 자음 /ㅇ/이 초성 자리에 올 수 없기 때문에 초성에 오는 자음은 18개이다. 한국어 중성에 올 수 있는 단모음

---

12) 한국어의 음소배열제약에 대하여 주로 이진호(2012: 104-108)와 배주채(2013: 99-109)를 참고하였다.

은 8개가 있고 이중모음은 9개이다. 이론적으로 결합 가능한 음절 수가 많지만 초성과 중성이 결합할 때 모두 자유롭게 결합하는 것이 아니라 일정한 규칙에 의해서 음절을 이루기 때문에 실제 존재하는 음절 수는 이보다 적다.

1) 한국어 자음과 단모음의 연결

한국어 자음과 단모음의 연결이 아주 자유롭다. 관련 제약으로는 이진호(2012)에서 양순음 /ㅂ, ㅃ, ㅍ, ㅁ/ 뒤에 /ㅡ/가 나타날 수 없다는 제약만 있다. 예를 들면, '푸르다'의 실제 발음은 [푸르다]이고 '입으니'의 실제 발음은 [이부니]가 된다(이진호, 2012: 105). 이 외에 나머지 결합 형태는 모두 이론적으로 발음이 가능한 음절이다.13) 이를 표로 표시하면 다음과 같다.

〈표 18〉 한국어 자음과 단모음의 결합 양상

(○: 연결 가능, ×: 연결 불가능)

단모음 자음	ㅣ	ㅔ	ㅟ	ㅡ	ㅓ	ㅏ	ㅜ	ㅗ
ㄱ	○	○	○	○	○	○	○	○
ㄲ	○	○	○	○	○	○	○	○
ㅋ	○	○	○	○	○	○	○	○
ㄷ	○	○	○	○	○	○	○	○
ㄸ	○	○	○	○	○	○	○	○

---

13) 배주채(2013: 101)에 따르면, 부적격한 음절이 발화에 쓰일 가능성은 없다. 그러나 적격한 음절이라고 해서 꼭 쓰이리라는 보장은 없다. 실제로 쓰이는 일이 없는 적격한 음절도 있을 수 있다. 적격하지만 실제로 쓰이지 않던 음절이 말장난에 일시적으로 쓰인다거나 신어나 외래어의 등장으로 실제로 쓰이게 되는 일도 있다. 예를 들면, 영어 'tulip'에서 들어온 외래어 '튤립' 때문에 [튤]이라는 음절이 새로 쓰이게 되었다.

자음 \ 단모음	ㅣ	ㅔ	ㅟ	ㅡ	ㅓ	ㅏ	ㅜ	ㅗ
ㅌ	○	○	○	○	○	○	○	○
ㅂ	○	○	○	×	○	○	○	○
ㅃ	○	○	○	×	○	○	○	○
ㅍ	○	○	○	×	○	○	○	○
ㅈ	○	○	○	○	○	○	○	○
ㅉ	○	○	○	○	○	○	○	○
ㅊ	○	○	○	○	○	○	○	○
ㅅ	○	○	○	○	○	○	○	○
ㅆ	○	○	○	○	○	○	○	○
ㅎ	○	○	○	○	○	○	○	○
ㄴ	○	○	○	○	○	○	○	○
ㅁ	○	○	○	×	○	○	○	○
ㄹ	○	○	○	○	○	○	○	○

2) 한국어 자음과 이중모음의 연결

한국어 자음과 이중모음이 연결할 경우 두 가지 제약이 있다. 첫째, 자음이 /ㅈ, ㅊ, ㅉ/이면 뒤에 활음 [j]가 올 수 없다. 예를 들면, '젹다'는 [적다]로 읽어야 되고, '다치다' 어간 뒤에 종결 어미 '어'가 오면 [다처]로 읽어야 된다. 둘째, 자음 뒤에 '의'가 올 수 없다. 예를 들면, '희망'은 [히망]으로 읽어야 되고, '무늬'는 [무니]로 발음해야 한다. 이 두 가지 제약을 반영해서 한국어 자음과 이중모음의 결합 표를 다음과 같이 만들 수 있다.

<표 19> 한국어 자음과 이중모음의 결합 양상

(○: 연결 가능, ×: 연결 불가능)

이중모음 \\ 자음	ㅖ	ㅕ	ㅑ	ㅠ	ㅛ	ㅞ	ㅝ	ㅘ	ㅢ
ㄱ	○	○	○	○	○	○	○	○	×
ㄲ	○	○	○	○	○	○	○	○	×
ㅋ	○	○	○	○	○	○	○	○	×
ㄷ	○	○	○	○	○	○	○	○	×
ㄸ	○	○	○	○	○	○	○	○	×
ㅌ	○	○	○	○	○	○	○	○	×
ㅂ	○	○	○	○	○	○	○	○	×
ㅃ	○	○	○	○	○	○	○	○	×
ㅍ	○	○	○	○	○	○	○	○	×
ㅈ	×	×	×	×	×	○	○	○	×
ㅉ	×	×	×	×	×	○	○	○	×
ㅊ	×	×	×	×	×	○	○	○	×
ㅅ	○	○	○	○	○	○	○	○	×
ㅆ	○	○	○	○	○	○	○	○	×
ㅎ	○	○	○	○	○	○	○	○	×
ㄴ	○	○	○	○	○	○	○	○	×
ㅁ	○	○	○	○	○	○	○	○	×
ㄹ	○	○	○	○	○	○	○	○	×

1.2. 중국어 초성-중성 음소배열제약

중국어에서 /ng/이 성모가 될 수 없으므로 초성 자리에 오는 자음은 21개이다. 그리고 중성 자리에 올 수 있는 모음은 단모음 7개, 이중모음 9개이고 삼중모음이 4개가 있다. 중국어에서 초성과 중성의 결합은 한국어보다 많이 제한되고 복잡하다.

1) 중국어 자음과 단모음의 연결

중국어 자음과 단모음의 연결 제약을 표로 표시하면 다음과 같다.

〈표 20〉 중국어 자음과 단모음의 결합 양상[14]

(○: 연결 가능, ×: 연결 불가능)

자음 \ 단모음	개구호[15]				제치호[16]	합구호[17]	촬구호[18]
	a	o	e	ê	i	u	ü
b	○	○	×	×	○	○	×
p	○	○	×	×	○	○	×
m	○	○	○	×	○	○	×
f	○	○	×	×	×	○	×
d	○	×	○	×	○	○	×
t	○	×	○	×	○	○	×
n	○	×	○	×	○	○	○
l	○	×	○	×	○	○	○
g	○	×	○	×	×	○	×
k	○	×	○	×	×	○	×
h	○	×	○	×	×	○	×
j	×	×	×	×	○	×	○
q	×	×	×	×	○	×	○
x	×	×	×	×	○	×	○
zh	○	×	○	×	○	○	×
ch	○	×	○	×	○	○	×
sh	○	×	○	×	○	○	×
r	×	×	○	×	○	○	×
z	○	×	○	×	○	○	×
c	○	×	○	×	○	○	×
s	○	×	○	×	○	○	×

---

14) 본고에서 사용한 중국어 음절 표는 黃伯榮·廖旭東(2001: 95-96)을 참고해서 작성하였다.

15) 개구호는 개음을 갖지 않은 운모이다. 개음은 중국 음운학의 술어로 중국어에서 성모와 운
모 사이에 있는 과도음을 가리킨다. 예를 들어, suan에서 성모 s와 운모 a 사이의 과도음 u.

위에서 볼 수 있는 바와 같이, 중국어 자음과 단모음의 결합은 한국어보다 제약을 많이 받는다. 초성인 성모에서 볼 때, /j, q, x/는 /i, ü/와만 결합이 가능하고 다른 단모음과 결합이 불가능하다. 그 반면에, /g, k, h/는 /i, ü/와 결합하지 못한다. 그리고 /b, p, m, f, d, t/는 /ü/와 결합할 수 없는 제약도 발견할 수 있다. 또한, /n/, /l/은 대부분의 모음과 결합이 자유롭다. 중성인 운모에서 볼 때, /o/는 /b, p, m, f/ 외에 다른 자음과 결합하지 못하고 /ü/는 /n, l, j, q, x/ 등 소수의 단모음과만 결합한다. /ê/는 단독으로 음절을 구성하고 자음과 결합하는 음절이 존재하지 않는다.

2) 중국어 자음과 이중모음의 연결

중국어 자음과 이중모음의 연결 제약을 표로 제시하면 다음과 같다.

〈표 21〉 중국어 자음과 이중모음의 결합 양상

(○: 연결 가능, ×: 연결 불가능)

이중모음 자음	개구호				제치호		합구호		촬구호
	ai	ei	ao	ou	ia	ie	ua	uo	üe
b	○	○	○	×	×	○	×	×	×
p	○	○	○	○	×	○	×	×	×

---

16) 제치호는 i운모 또는 i개음를 가진 운모이다.

17) 합구호는 u운모 또는 u개음을 가진 운모이다.

18) 촬구호는 ü운모 또는 ü개음을 가진 운모이다.

자음 \ 이중모음	개구호				제치호		합구호		촬구호
	ai	ei	ao	ou	ia	ie	ua	uo	üe
m	○	○	○	○	×	○	×	×	×
f	×	○	×	○	×	×	×	×	×
d	○	○19)	○	○	×	○	×	○	×
t	○	×	○	○	×	○	×	○	×
n	○	○	○	○	×	○	×	○	○
l	○	○	○	○	○	○	×	○	○
g	○	○	○	○	×	×	○	○	×
k	○	○	○	○	×	×	○	○	×
h	○	○	○	○	×	×	○	○	×
j	×	×	×	×	○	○	×	×	○
q	×	×	×	×	○	○	×	×	○
x	×	×	×	×	○	○	×	×	○
zh	○	○20)	○	○	×	×	○	○	×
ch	○	×	○	○	×	×	○	○	×
sh	○	○	○	○	×	×	○	○	×
r	×	×	○	○	×	×	×	○	×
z	○	○	○	○	×	×	×	○	×
c	○	×	○	○	×	×	×	○	×
s	○	×	○	○	×	×	×	○	×

위의 표를 보면, 중국어 자음 /g, k, h/는 제치호 /ia, ie/, 그
리고 촬구호 /üe/와 결합할 수 없다. 하지만 /j, q, x/는 이에 반
해 제치호 /ia/, /ie/, 그리고 촬구호 /üe/와만 결합이 가능하다.
그리고 /zh, ch, sh, r, z, c, s/는 합구호와 개구호의 대부분 운모

---

19) 黃伯榮・廖旭東(2001: 95)에서 /dei/ 음절이 존재하지 않는다고 주장하고 있지만 실제
이 음절은 중국어에서 '해야 한다'의 뜻을 표현할 때 사용하는 '得' 자의 발음으로 존
재한다.

20) 黃伯榮・廖旭東(2001: 95)에서 /zhei/ 음절이 존재하지 않는다고 주장하고 있지만 구어
에서 '这' 자의 발음으로 가능하다.

와 결합할 수 있으나 제치호와 촬구호 운모와 결합할 수 없다. 합구호 운모 중 /ua/ 앞에는 /g, k, h, zh, ch, sh/만 올 수 있고, /uo/ 앞에는 /b, p, m, f, j, q, x/ 외에 다른 자음이 온다. 촬구호 운모 /üe/는 /j, q, x, n, l/와만 결합한다.

3) 중국어 자음과 삼중모음의 연결

중국어 자음과 삼중모음이 연결할 때 많은 제약을 받는다. 이에 관한 자세한 정보는 다음 표에서 확인할 수 있다.

〈표 22〉 중국어 자음과 삼중모음의 결합 양상

(○: 연결 가능, ×: 연결 불가능)

자음＼삼중모음	제치호		합구호	
	iao	iou	uai	uei
b	○	×	×	×
p	○	×	×	×
m	○	○21)	×	×
f	×	×	×	×
d	○	○	×	○
t	○	×	×	○
n	○	○	×	×
l	○	○	×	×
g	×	×	○	○
k	×	×	○	○
h	×	×	○	○
j	○	○	×	×
q	○	○	×	×
x	○	○	×	×
zh	×	×	○	○

자음 \ 삼중모음	제치호		합구호	
	iao	iou	uai	uei
ch	×	×	○	○
sh	×	×	○	○
r	×	×	×	○
z	×	×	×	○
c	×	×	×	○
s	×	×	×	○

중국어 자음과 삼중모음의 음소배열제약은 앞서 언급한 자음과 단모음이나 이중모음의 제약보다 더 복잡하다. 한국어에서는 이에 대응되는 삼중모음이 없으므로 이는 한국인 학습자가 중국어를 배울 때 영향을 많이 끼치는 반면 중국인 학습자들이 한국어를 학습할 때는 큰 상관관계가 없기 때문에 본고는 이 표를 제시하되 자세히 논하지 않겠다.

1.3. 한·중 초성-중성 음소배열제약 대조

이상으로 한국어와 중국어의 초성-중성 결합 양상을 각각 자세히 살펴보았다. 본 절에서는 위의 내용에 근거하여 한국어와 중국어에 존재하는 비슷한 음소를 대상으로 관련 음소배열제약을 비교·대조하겠다.

---

21) 黃伯榮·廖旭東(2001: 96)에서 /m/과 /iou/가 결합하지 않는다고 보고 있지만 실제로 이 음절이 중국어에서 '그릇되다'의 뜻을 표현할 때 사용하는 '谬' 자의 발음으로 존재한다.

(○: 연결 가능, ×: 연결 불가능, ◑: 연결 가능하지만 한·중 발음이 다름)

조성＼중성	ㅣ/i	ㅓ/e	ㅏ/a	ㅜ/u	ㅗ/o	ㅔ/e	ㅟ/ü	ㅖ/ie	ㅑ/ia	ㅘ/ua
중 h	×	◑	○	○	×	×	×	×	×	◑
한 ㅎ	○	○	○	○	○	○	○	○	○	○
중 k	×	◑	○	○	×	×	×	×	×	◑
한 ㅋ	○	○	○	○	○	○	○	○	○	○
중 g	×	◑	○	○	×	×	×	×	×	◑
한 ㄱ	○	○	○	○	○	○	○	○	○	○
중 c	×	◑	○	○	×	×	×	×	×	○
중 q	○	×	×	×	×	×	○	◑	◑	×
한 ㅊ	○	○	○	○	○	○	×	×	×	○
중 z	×	◑	○	○	×	×	×	×	×	×
중 j	○	×	×	×	×	×	○	◑	◑	×
한 ㅈ	○	○	○	○	○	○	×	×	×	○
중 l	○	◑	○	○	×	×	○	◑	◑	×
한 ㄹ	○	○	○	○	○	○	○	○	○	○
중 n	○	◑	○	○	×	○	◑	×	◑	×
한 ㄴ	○	○	○	○	○	○	○	○	○	○
중 x	○	×	×	×	×	×	○	◑	◑	×
중 s	×	◑	○	○	×	×	×	×	×	×
한 ㅅ	○	○	○	○	○	○	○	○	○	○
중 t	○	◑	○	○	×	×	○	◑	×	○
한 ㅌ	○	○	○	○	○	○	○	○	○	○
중 d	○	◑	○	○	×	×	○	◑	×	○
한 ㄷ	○	○	○	○	○	○	○	○	○	○
중 m	○	◑	○	○	×	×	○	◑	×	×
한 ㅁ	○	○	○	○	○	○	○	○	○	○
중 p	○	×	○	○	×	×	○	◑	×	×
한 ㅍ	○	○	○	○	○	○	○	○	○	○
중 b	○	×	○	○	×	×	○	◑	×	×
한 ㅂ	○	○	○	○	○	○	○	○	○	○

<표 23>을 보면, 한국어에서는 초성-중성 결합 제약이 적은 반면에 중국어에서는 음소와 음소 사이에 제약을 많이 받고 존재하지 않는 음절도 많다. 예를 들면, 자음과 /ㅘ/의 결합에 있어서 한국어에서 모두 결합이 가능하지만 중국어에서는 /g, k, h/ 음소를 제외한 나머지 자음이 /ua/와 결합이 불가능하다. 또한 한국어에서 /ㅟ/ 모음은 모든 자음과의 결합이 자유롭지만 이에 해당하는 중국어 /ü/ 모음은 치조음 /n, l/나 경구개음 /j, q, x/과만 결합이 가능하다.

또한 한국어의 음절을 기준으로 볼 경우, 중국어에서 해당 음절이 존재하나 발음이 다른 것이 있다. 예를 들면, 한국어 자음과 /ㅓ/가 결합할 때의 발음과 그에 해당되는 중국어 음절의 발음이 아주 다르다. [ə]가 중국어 모음 음소 /e/의 변이음으로 존재하지만 자음과 결합할 때 /e/ 음소의 발음이 [ɤ]가 된다. 예를 들면, 한국어의 /거/ 음절이 [kə]로 발음되지만 중국어에서 해당되는 /ge/ 음절의 발음이 [kɤ]가 된다. 그리고 중성 자리에 이중모음이 올 때 중국어에 존재하는 음절도 해당되는 한국어 음절의 발음과 다르다. 예를 들면, 한국어 /ㅘ/[wa]에 대응되는 중국어 이중모음 /ua/의 발음이 [ua]가 된다는 것이다.

2. (초성)–중성–종성 음소배열제약 대조

한국어와 중국어에서는 모든 중성과 종성이 자유롭게 결합할 수 있는 것이 아니다. 한국어에서 단모음은 7개 종성과 아무 제약 없이 결합할 수 있지만 이중모음일 경우 제약이 있다. 예를 들어, 이중모음 /ㅢ/ 자체가 불안정하기 때문에 종성과 연결이 되지 않는다. 중국어는 더욱 심하다. 예를 들어, /a/와 /n/이 결합하여 /an/ 음절을 이룰 수 있지만, /ie/와 /n/의 결합 형태는 존재하지 않는다.

그리고 하나의 음절에 초성과 중성, 종성 세 가지 구성 성분이 모두 포함되어 있을 경우 음소배열제약이 더 많다. 중국어의 경우, 초성과 중성, 중성과 종성이 서로 연결이 되더라도 초성, 중성, 종성이 다 같이 결합할 수 없는 음절이 있다.

따라서 본 절에서는 먼저 한·중 중성-종성의 결합 양상을 살펴본 다음 앞에 초성이 올 경우, 즉 초성-중성-종성 결합에 있어서 양상이 어떻게 달라지는지를 살펴보고 비교해 보겠다.

2.1. 한국어 (초성)-중성-종성 음소배열제약

1) 한국어 중성-종성 음소배열제약

한국어의 중성 위치에는 단모음과 이중모음이 올 수 있고 종성에는 /ㄱ, ㄴ, ㄷ, ㄹ, ㅁ, ㅂ, ㅇ/ 7개 자음만 올 수 있다. 그리고 중성과 종성의 결합이 비교적 자유롭다.

(1) 한국어 단모음과 자음의 연결

한국어에서는 단모음과 자음을 연결하는 데 있어 제약이 없고 결합이 자유롭다.

<표 24> 한국어 단모음과 자음의 결합 양상

(○: 연결 가능, ×: 연결 불가능)

종성 단모음	ㄱ	ㄷ	ㅂ	ㅇ	ㄴ	ㅁ	ㄹ
ㅣ	○	○	○	○	○	○	○
ㅔ	○	○	○	○	○	○	○
ㅟ	○	○	○	○	○	○	○
ㅡ	○	○	○	○	○	○	○
ㅓ	○	○	○	○	○	○	○
ㅏ	○	○	○	○	○	○	○
ㅜ	○	○	○	○	○	○	○
ㅗ	○	○	○	○	○	○	○

(2) 한국어 이중모음과 자음의 연결

한국어에서 이중모음과 자음의 연결 제약은 주로 /ㅢ/와 관련된 것이다. 이진호(2012)에 따르면 중성에 이중모음 '의'가 오면 종성에는 자음이 올 수 없다. 이를 반영한 이중모음과 자음의 결합 표는 다음과 같다.

<표 25> 한국어 이중모음과 자음의 결합 양상

(○: 연결 가능, ×: 연결 불가능)

종성 이중모음	ㄱ	ㄷ	ㅂ	ㅇ	ㄴ	ㅁ	ㄹ
ㅑ	○	○	○	○	○	○	○
ㅕ	○	○	○	○	○	○	○
ㅛ	○	○	○	○	○	○	○
ㅠ	○	○	○	○	○	○	○
ㅒ	○	○	○	○	○	○	○
ㅖ	○	○	○	○	○	○	○

(○: 연결 가능, ×: 연결 불가능)

이중모음 \ 종성	ㄱ	ㄷ	ㅂ	ㅇ	ㄴ	ㅁ	ㄹ
ㅕ	○	○	○	○	○	○	○
ㅘ	○	○	○	○	○	○	○
ㅢ	×	×	×	×	×	×	×

2) 한국어 초성-중성-종성 음소배열제약

한국어에서 초성과 중성, 중성과 종성이 서로 연결이 될 경우 초성, 중성, 종성이 같이 결합하여 이루어진 음절도 적격한 음절로 볼 수 있다. 예를 들면, /ㄱ/, /ㅏ/, /ㄴ/ 세 개 음소가 있으면, 초성 /ㄱ/과 중성 /ㅏ/가 결합해서 /가/가 되고 중성 /ㅏ/가 종성 /ㄴ/과 결합해서 /안/이 된다. 이렇게 서로 제약을 받지 않는 세 개의 음소가 같이 /간/으로도 이루어질 수 있다. 즉, 초성-중성-종성 결합 형태의 음소배열제약은 앞서 언급한 초성-중성 음소배열제약, 중성-종성 음소배열제약을 포함하고 그 외에는 별다른 제약이 없다. 이러한 관점에서 볼 때, 한국어 초성-중성-종성 음소배열제약 표는 앞서 논의한 내용과 중복 기술이 될 수 있기 때문에 여기서 생략한다.

2.2. 중국어 (초성)-중성-종성 음소배열제약

1) 중국어 중성-종성 음소배열제약

중국어 중성에는 단모음과 이중모음이 올 수 있고, 종성에는 비음 /n, ng/ 두 개밖에 올 수 없다. 그리고 중성과 이중모음 간에 제약이 비교적 많다.

(1) 중국어 단모음과 자음의 연결

중국어 단모음과 자음의 결합 양상은 다음과 같다.

〈표 26〉 중국어 단모음과 자음의 결합 양상

(○: 연결 가능, ×: 연결 불가능)

단모음 ＼ 자음	n	ng
a	○	○
o	×	○
e	○	○
i	○	○
u	×	×
ü	○	×
ê	×	×

위의 표를 보면, 중국어에서 단모음과 비음의 결합은 모두 자유로운 것이 아니라는 사실을 알 수 있다. /o, u/는 비음 /n/과 결합할 수 없고, /ü/ 뒤에 비음 /ng/이 올 수 없다. /ê, u/ 뒤에 /n, ng/이 오는 음절은 존재하지 않는다. 그리고 여기서 주의해야 할 점은 /ong/, /ing/ 음절은 존재하지만 실제로 발음할 때는 표기와 달리 각각 [ʊŋ]와 [iəŋ]으로 발음해야 한다는 것이다.

(2) 중국어 이중모음과 자음의 연결

중국어에는 이중모음이 9개가 있지만, 이 9개의 이중모음이 모두 비음과 자유롭게 결합하는 것은 아니다. 그리고 중국어에서 이중모음으로서 독립적으로 존재하지 않지만 비음 [n], [ŋ]과 함께 나타날 수 있는 음소 결합 형태 /ue/, /üa/, /io/가 있다. 논의의 편의상 /uen/, /ueng/, /üan/, /iong/ 음절을 이중모음과 자음의 연결로 보겠다. 그리고 한·중 초성, 중성과 종성 간의 음소배열제약을 비교할 때 이를 포함시켜 논의하겠다.

〈표 27〉 중국어 이중모음과 자음의 결합 양상

(○: 연결 가능, ×: 연결 불가능)

이중모음 \ 자음	n	ng
ai	×	×
ei	×	×
ao	×	×
ou	×	×
ia	○	○
ie	×	×
ua	○	○
uo	×	×
üe	×	×
ue	○	○
üa	○	×
io	×	○

위의 표를 보면, 중성과 종성의 결합 중에 비음 /n/을 포함하

는 음절 형태는 /ian/, /uan/, /uen/, /üan/만 있고 비음 /ng/을 포함하는 음절 형태는 /iang/, /uang/, /ueng/, /iong/만 있다. 하향 이중모음 /ai/, /ei/, /ao/, /ou/ 모두 비음과 결합하지 못하고 상향 이중모음 중에 /ie/, /uo/, /üe/도 비음 자음과 결합하지 않는다.

(3) 중국어 삼중모음과 자음의 연결

중국어의 삼중모음은 4개만 있고 이것들은 뒤에 비음 종성 [n], [ŋ]이 올 수 없다.

〈표 28〉 중국어 삼중모음과 자음의 결합 양상

(○: 연결 가능, ×: 연결 불가능)

자음 삼중모음	n	ng
iao	×	×
iou	×	×
uai	×	×
uei	×	×

2) 중국어 초성-중성-종성 음소배열제약

중국어에서 초성, 중성, 종성이 같이 결합할 경우 제약이 비교적 복잡하다. 앞서 논의한 초성-중성 음소배열제약, 중성-종성 음소배열제약 외에 또 다른 제약이 있다. 즉, 초성과 중성, 중성과 종성이 서로 연결이 되더라도 초성, 중성, 종성이 다 같이 결합하면 안 되는 음절이 있다. 예를 들어, 초성 자리에 음소 /d, t/가, 중성 자리에 /i/가, 종성 자리에 /n/이 있다고 치면, 초성-중성 결합 형태는 /di, ti/가 되고, 중성-종성 결합은 /in/이 되지만 이 셋을 결합한 /din, tin/으로 된 초성-중성-종성 결합 형태는 존재하지 않는다. 또한 초성과 중성의 결합인 음절이 존재하지 않더라도 뒤에 종성이 오면 결합이 가능한 경우가 있다. 예를 들면, /n/과 /ia/의 결합 형태는 존재하지 않지만 뒤에 /ng/ 종성을 첨가한 /niang/ 음절은 존재한다. 이러한 결합 양상을 다음과 같은 표에서 확인할 수 있다.

〈표 29〉 중국어 자음과 비운모의 결합 양상

(○: 연결 가능, ×: 연결 불가능)

자음 비운모	b	p	m	f	d	t	n	l	g	k	h	j	q	x	zh	ch	sh	r	z	c	s
an	○	○	○	○	○	○	○	○	○	○	○	×	×	×	○	○	○	○	○	○	○
en	○	○	○	○	○	○	○	○	○	○	○	×	×	×	○	○	○	○	○	○	○
in	○	○	○	×	×	×	○	○	×	×	×	○	○	○	×	×	×	×	×	×	×
ün	×	×	×	×	×	×	×	×	×	×	×	○	○	○	×	×	×	×	×	×	×
ian	○	○	○	×	○	○	○	○	×	×	×	○	○	○	×	×	×	×	×	×	×
uan	×	×	×	×	○	○	○	○	○	○	○	×	×	×	○	○	○	○	○	○	○
uen	×	×	×	×	○	○	○	○	○	○	○	×	×	×	○	○	○	○	○	○	○
üan	×	×	×	×	×	×	×	×	×	×	×	○	○	○	×	×	×	×	×	×	×
ang	○	○	○	○	○	○	○	○	○	○	○	×	×	×	○	○	○	○	○	○	○
eng	○	○	○	○	○	○	○	○	○	○	○	×	×	×	○	○	○	○	○	○	○
ing	○	○	○	×	○	○	○	○	×	×	×	○	○	○	×	×	×	×	×	×	×
ong	×	×	×	×	○	○	○	○	○	○	○	×	×	×	○	○	○	○	○	○	○
iang	×	×	×	×	×	×	○	○	×	×	×	○	○	○	×	×	×	×	×	×	×
uang	×	×	×	×	×	×	×	×	○	○	○	×	×	×	○	○	○	×	×	×	×
ueng	×	×	×	×	×	×	×	×	×	×	×	×	×	×	×	×	×	×	×	×	×
iong	×	×	×	×	×	×	×	×	×	×	×	○	○	○	×	×	×	×	×	×	×

2.3. 한·중 (초성)-중성-종성 음소배열제약 대조

이상 논의한 내용을 바탕으로 한국어와 중국어에 존재하는 비슷한 음소들이 (초성)-중성-종성 음절을 이루는 데 있어 나타나는 결합 양상을 다음 표와 같이 비교할 수 있다.

〈표 30〉 한·중 (초성)·중성-중성 음소배열제약 대조(ㅇ/ng 종성)

(○: 연결 가능, ×: 연결 불가능, ◐: 연결 가능하지만 한·중 발음이 다름)

초성 \ 중성(종성)	한 -	중 -	한 ㅂ	중 b	한 ㅍ	중 p	한 ㅁ	중 m	한 ㄷ	중 d	한 ㅌ	중 t	한 ㅅ	중 s	중 x	한 ㄴ	중 n	한 ㄹ	중 l	한 ㅈ	중 j	중 z	한 ㅊ	중 q	중 c	한 ㄱ	중 g	한 ㅋ	중 k	한 ㅎ	중 h
잉/ing	○	◐	○	◐	○	◐	○	◐	○	◐	○	◐	○	×	◐	○	◐	○	◐	○	◐	×	○	◐	×	○	×	○	×	○	×
엉/eng	○	○	○	○	○	○	○	○	○	○	○	○	○	○	×	○	○	○	○	○	×	○	○	×	◐	○	○	○	○	○	○
앙/ang	○	◐	○	◐	○	◐	○	◐	○	◐	○	◐	○	◐	×	○	◐	○	◐	○	×	◐	○	×	×	○	◐	○	◐	○	◐
아	○	×	○	×	○	×	○	×	○	×	○	◐	○	◐	×	○	◐	○	◐	○	×	×	○	×	◐	○	×	○	×	○	×
옹/ong	○	◐	○	×	○	×	○	×	○	◐	○	◐	○	×	×	○	×	○	×	○	×	×	○	◐	×	○	◐	○	◐	○	◐
웡	○	×	○	×	○	×	○	×	○	×	○	×	○	×	×	○	◐	○	◐	○	×	×	○	×	×	○	×	○	×	○	×
아	○	×	○	×	○	×	○	×	○	×	○	×	○	×	×	○	×	○	×	○	×	×	○	×	×	○	×	○	×	○	×
옹	○	×	○	×	○	×	○	×	○	×	○	×	○	×	×	○	×	○	×	○	×	×	○	×	×	○	×	○	×	○	×
앙/iang	○	◐	○	×	○	×	○	×	○	×	○	×	○	×	◐	○	×	○	×	○	×	×	○	◐	×	○	×	○	×	○	×
왕/uang	○	◐	○	×	○	×	○	×	○	×	○	×	○	×	×	○	×	○	×	○	×	×	○	×	×	○	◐	○	◐	○	◐

<표 31> 한·중 (초성)-중성-종성 음소배열제약 대조(ㄴ/n 종성)

(○: 연결 가능, ×: 연결 불가능, ◑: 연결 가능하지만 한·중 발음이 다름)

초성 \ 중성	인/in	엔/en	옌/an	아	어	에	완/ün	옌(22)	옌/ian	완/uan
중 h	×	○	○	×	×	×	×	×	×	●
한 ㅎ	○	○	○	○	○	○	○	○	○	○
중 k	×	○	○	×	×	×	×	×	×	●
한 ㅋ	○	○	○	○	○	○	○	○	○	○
중 g	×	×	×	×	×	×	×	×	×	●
한 ㄱ	○	○	○	○	○	○	○	○	○	○
중 c	×	×	×	×	×	×	×	●	●	×
한 ㅊ	○	○	×	×	×	×	×	×	×	○
중 z	×	×	×	×	×	×	×	×	●	×
한 ㅉ	○	×	×	×	×	×	×	×	×	○
중 j	○	×	×	×	×	×	○	●	●	×
한 ㅈ	○	○	○	○	○	○	○	○	○	○
중 x	○	○	○	○	○	○	●	●	●	●
한 ㅅ	○	○	○	○	○	○	○	○	○	○
중 s	×	×	×	×	×	×	×	×	×	●
중 n	○	○	○	○	×	○	×	●	●	●
한 ㄴ	○	○	○	○	○	○	○	○	○	○
중 —	○	○	○	○	○	○	●	●	●	●
한 ㄹ	○	○	○	○	○	○	×	×	○	×
중 t	×	×	×	×	×	×	×	●	●	●
한 ㅌ	○	○	○	○	○	○	○	○	○	○
중 d	×	×	×	×	×	×	×	●	●	●
한 ㄷ	○	○	○	○	○	○	○	○	○	○
중 m	○	○	○	○	×	×	×	●	●	×
한 ㅁ	○	○	○	○	○	○	○	○	○	○
중 p	○	○	○	○	×	×	×	●	●	×
한 ㅍ	○	○	○	○	○	○	○	○	○	○
중 b	○	○	○	○	×	×	×	●	●	×
한 ㅂ	○	○	○	○	○	○	○	○	○	○
중 -	○	○	○	○	×	×	●	●	●	●
한 -	○	○	○	○	○	○	○	○	○	○

---

22) 중국어에서 /ㅔ/에 대응되는 /ie/는 /n/과 결합하지 않지만, 한국어 /옌/[iɛn]의 발음이 중국어의 /ian/의 실제 발음과 같으므로 본 연구에서 이를 실제 결합이 가능한 음절로 보겠다.

<표 30>을 통해 [ŋ]으로 끝나는 (초성)-중성-종성의 결합 양상을 보면, 한국어에서는 /ㅈ, ㅊ/과 /j/계 모음 사이의 제약만 존재하는 반면에 중국어에서는 더 많은 제약이 있다. 한국어 /엥/, /윙/, /옝/, /웅/에 대응되는 중국어 음절은 존재하지 않는다. 또한 양순음이 초성 위치에 올 때 한국어에서 중성과 종성의 결합이 /옹, 양, 왕/이 될 수 있지만 중국어에서는 음소배열제약으로 인하여 이에 해당하는 음절이 존재하지 않는다. 그리고 중국어의 /ong/ 음절은 존재하지만 실제 발음이 [ʊŋ]이므로 한국어의 /옹/[oŋ]과 다르고 중국어 /iang/, /uang/ 음절의 발음은 [iaŋ, uaŋ]이므로 한국어의 /양, 왕/의 발음과 다르다. 따라서 앞에 초성이 오면 초성-중성-종성 음절의 발음도 달라진다.

<표 31>에서 [n]으로 끝나는 (초성)-중성-종성의 결합 양상을 보면, 한국어의 중성과 종성이 결합하여 이룬 /운, 온, 엔, 옌/ 음절에 대응되는 중국어 음절은 존재하지 않으므로 중국인 학습자들이 어려워할 수 있고 앞에 초성이 올 경우 더욱 어려움을 느낄 것이다. 한국어는 중성과 종성의 결합 형태인 /인, 언, 안, 윈/이 있고 중국어에서도 이에 대응되는 /in, en, an, ün/이 있다. 하지만 앞에 초성이 올 때, 한국어에서는 제약을 받지 않는 반면에 중국어에서는 존재하지 않는 음절이 있다. 예를 들면, 한국어에는 /긴, 킨, 힌/ 음절이 존재하지만 중국어에서는 음소배열제약으로 인하여 /g, k, h/ 음소가 /in/과 결합하지 않는다. 또한, 중국어에는 /얜/[jan], /완/[wan]에 대응되는 음절이 존재하지만 실제 발음이 각각 [iɛn], [uan]으로 나타나

므로 한국어 발음과는 다르다.

3. 종성–초성 음소배열제약 대조

한국어에서 두 개의 음절이 인접할 때 앞 음절 종성과 뒤 음절 초성 사이에 일정한 제약을 받는다.

〈표 32〉 한국어 종성–초성 연결 양상

초성 종성	ㄱ	ㄷ	ㅂ	ㅅ	ㅈ	ㄲ	ㄸ	ㅃ	ㅆ	ㅉ	ㅊ	ㅋ	ㅌ	ㅍ	ㅎ	ㅁ	ㄴ	ㄹ
ㄱ	×	×	×	×	×	○	○	○	○	○	○	○	○	○	×	×	×	×
ㄷ	×	×	×	×	×	○	○	○	×	○	○	○	○	○	×	×	×	×
ㅂ	×	×	×	×	×	○	○	○	○	○	○	○	○	○	×	×	×	×
ㄴ	○	○	○	○	○	○	○	○	○	○	○	○	○	○	○	○	○	×
ㅁ	○	○	○	○	○	○	○	○	○	○	○	○	○	○	○	○	○	×
ㅇ	○	○	○	○	○	○	○	○	○	○	○	○	○	○	○	○	○	×
ㄹ	○	○	○	○	○	○	○	○	○	○	○	○	○	○	○	○	×	○

위의 표를 보면, 한국어에서 첫음절의 종성이 폐쇄음 /ㄱ, ㄷ, ㅂ/일 때 뒤 음절의 초성 위치에 오는 자음이 제한적이다. 뒤 음절의 초성이 평음일 경우 경음화 현상이 일어나므로 결합이 불가능하다. 그리고 초성 자리에 /ㅁ/, /ㄴ/, /ㄹ/이 오면 비음화 현상이 일어나고 /ㅎ/이 오면 유기음화 현상이 일어나기 때문에 서로 결합할 수 없다. 그 외에, 종성 /ㅁ, ㅇ/과 초성 /ㄹ/이 결합 시 /ㄹ/의 비음화 현상이 일어나고 /ㄴ/과 /ㄹ/이 인접하면 유음화, /ㄹ/의 탈락, 혹은 /ㄹ/의 비음화 현상이 일어난

다. 종성 /ㄷ/ 뒤에 초성 /ㅆ/이 오면 /ㄷ/이 탈락되므로 /ㄷ/
과 /ㅆ/의 결합 또한 불가능하다.

반면에 중국어에는 이와 같은 음소배열제약이 없다. 한국어와
중국어에 공통적으로 존재하는 [n], [ŋ] 종성을 중심으로 한·중
종성-초성 음소 연결 형태를 살펴보면 다음과 같다.

〈표 33〉 한·중 종성–초성 음소배열제약 대조

(o: 연결 가능, ×: 연결 불가능)

초성 / 종성	ㅂ	b	ㅍ	p	ㅁ	m	ㄷ	d	ㅌ	t	ㅅ	s	x	ㄴ	n	ㄹ	l	ㅈ	j	z	ㅊ	q	ㄱ	g	ㅋ	k	ㅎ	h
ㄴ/n	o	o	o	o	o	o	o	o	o	o	o	o	o	o	o	×	o	o	o	o	o	o	o	o	o	o	o	o
ㅇ/ng	o	o	o	o	o	o	o	o	o	o	o	o	o	o	o	×	o	o	o	o	o	o	o	o	o	o	o	o

<표 33>에서 볼 수 있듯이, 한국어에서 앞 음절의 종성이
/ㄴ/일 경우, 뒤 음절의 초성이 /ㄹ/이면 유음화 현상이 일어
나므로 서로 결합하지 못한다. 그리고 한국어에서는 비음화 현
상이 있으므로 앞 음절의 종성이 /ㅇ/이 오면 뒤 음절의 초성
이 /ㄹ/이 올 수 없다. 그러나 중국어의 경우 앞 음절의 종성과
뒤 음절의 초성 사이에 아무런 제약이 없다.

이상 살펴본 바와 같이, 한국어의 음소배열제약이 단순하고
적은 반면에, 중국어의 음소배열제약은 비교적 복잡하고 많다.
중국어에는 일반적으로 음소배열제약 이외에 음절 유형의 공
백을 설명할 수 있는 몇 가지 특정 제약이 있고 부분적인 음절
유형에 대한 제약을 일반화하여 공식화하는 것은 아주 어려운

일이다. 이와 관련하여 린(2010)은 중국어 음절 유형에서의 공백을 체계적 공백과 우연적 공백으로 나누어서 다루고 있다. 체계적 공백은 일반 언어학적 원리나 자질로 설명될 수 있는 음운적인 형태의 공백이고, 우연적인 공백은 보편적이지 않고 산발적으로 출현하여 설명하기 힘든 공백을 가리킨다. 우연적인 공백으로 판단되는 음운적 형태는 잠재적으로 가능한 음절 형태이다. 하지만 중국어 음절에서 어떤 것이 체계적인 공백인지 어떤 것이 우연적인 공백인지에 대한 논의가 아직 많이 부족하다. 이런 점을 고려하여 본고에서는 초성-중성 및 (초성)-중성-종성 결합 유형 중 전형적이고 보편성이 있는 몇 가지 제약으로 인하여 생긴 체계적 공백을 대상으로 삼고 중국인 학습자들의 발음 오류를 실험을 통하여 밝혀 보겠다.

제4장

중국인 학습자의 음절
발음 오류 유형별 분석

3장에 제시된 한·중 공통적으로 존재하는 음소배열제약 대
조표를 보면, 한국어에서 결합이 가능하지만 중국어에서는 존
재하지 않거나 존재하지만 발음이 다른 음절이 있다. 앞에서
언급한 바와 같이 중국어에 존재하지 않는 음절은 체계적 공백
일 수 있고 우연적 공백일 수도 있다. 그 판정 기준이 확실하
지 않으므로 본 장은 그중에서 전형적이고 보편성이 있는 몇
가지 제약으로 인하여 생긴 체계적 공백을 대상으로 하고 중국
인 학습자들의 발음 오류를 실험을 통하여 밝혀 보고자 한다.
  발음 실험은 '초성-중성 실험', '(초성)-중성-종성 실험', '종성-
초성 실험' 3가지 실험으로 나누어서 진행하였다.[23] 자연스러
운 발화를 이끌어 내기 위하여 한 음절이 아닌 무의미한 어휘
로 만들어서 발음하게 하였다.[24] 실험 대상자는 중국 천진사범

---

23) 본 실험과 관련된 발음진단서는 <부록2>에 제시되어 있다.
24) 무의미한 어휘를 만든 것은 실제 존재하는 어휘들은 학습자가 많이 사용하고 익숙해
   서 원래는 오류를 일으킬 수 있는 발음도 특정 어휘에서 잘 발음할 수 있는 경우를 피
   하기 위해서이다.

대학교 한국어학과에 재학 중인 중국 북방 지역 출신의 20명을 선정하여 조용한 강의실에서 녹음을 진행하였다.[25] 주어진 실험 어휘를 학습자로 하여금 보통 발화 속도로 2번씩 읽게 하였다. 피실험자들의 발음 녹음 파일을 mpg파일로 전환해 이를 기본 음성·음운학 지식을 가진 국어국문학과 대학원생 5명이 듣고 전사하였다. 따라서 20명의 피실험자가 읽은 것을 5명의 전사자가 전사했으므로 한 음절당 총 100개의 전사 결과를 얻었다. 피실험자 1명이 발음한 한 음절에 대한 5개의 전사 결과 중 2명 이상이 표준 발음과 다르게 전사하였으면 오류라고 판단하고 오류 분석 대상으로 선정하였다.

1. 초성-중성에 나타나는 오류

본 절에서 논의할 내용은 '/ㄱ, ㅋ, ㅎ/ + /ㅣ, ㅑ, ㅖ, ㅟ/' 결합에 있는 /기, 키, 히, 갸, 캬, 햐, 계, 혜, 귀, 퀴, 휘/ 음절과 '자음 + /ㅓ/' 결합에 있는 /버, 퍼, 머, 더, 터, 서, 너, 러, 저, 처, 거, 커, 허/ 음절들이다. 실험을 통해 음소배열제약으로 인해서 중국어에 존재하지 않는 이러한 음절들에 대한 중국인 학습자들의 발음 양상, 그리고 발음 오류들이 나타나는 원인에 대해 조사하고 분석하고자 한다.

---

25) 중국 표준어는 북방방언을 기초방언으로 하고 있기 때문에 북방 출신 학생들을 선정 대상으로 삼았다.

1.1. '/ㄱ, ㅋ, ㅎ/ + /ㅣ, ㅑ, ㅖ, ㅟ/' 결합

중국어에는 치조경구개음 [tɕ, tɕʰ, ɕ]가 전설 고모음 [i, y] 앞에서만 출현할 수 있는 반면에 연구개음 [k, kʰ, x]는 전설 고모음 [i, y] 앞에 출현할 수 없는 제약이 있다. 린(2010: 182)에 따르면 이는 기본적으로 [+고설성, -후설성]을 갖는 자음은 [+고설성, -후설성]을 갖는 모음의 앞에 와야 한다는 것을 의미한다. 즉, 전설 고모음 앞에 동일한 자질을 가진 자음이 와야 한다. [+고설성, -후설성]은 지배음운론의 구성요소 I와 같다. 따라서 이를 다음의 (5)처럼 나타낼 수 있다.

(5) 자질 I 공유

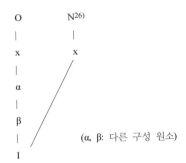

(α, β: 다른 구성 원소)

이런 관점에서 볼 때, [k, kʰ, x]는 I 구성 원소를 포함하지 않으므로 [i, y] 앞에 올 수 없다.

---

26) 자음과 모음에서 다른 구성 원소도 포함되어 있지만 논의 편의상 자세히 제시하지 않겠다.

(6)

a. *	O	N	b. *	O	N	c. *	O	N
	│	│		│	│		│	│
	x	x		x	x		x	x
	│	│		│	│		│	│
	[k]	[i]		[kʰ]	[i]		[x]	[i]

d. *	O	N	e. *	O	N	f. *	O	N
	│	│		│	│		│	│
	x	x		x	x		x	x
	│	│		│	│		│	│
	[k]	[y]		[kʰ]	[y]		[x]	[y]

이러한 음절을 발음하는 데 있어서 어떤 오류 양상이 보이는 지 실험을 통하여 확인한 결과는 다음과 같다.

1) /기, 키, 히/

/기, 키, 히/ 음절의 오류율 및 오류 양상은 다음과 같다.

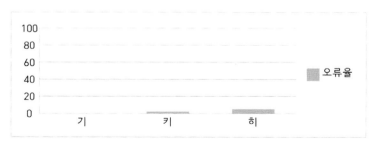

〈도표 1〉 /기, 키, 히/ 오류율

위 도표에서 나온 바와 같이, 중국인 학습자들의 /기, 키, 히/ 발음에 큰 오류가 나타나지 않았다. 이는 중국어에서는 음소배 열제약에 의해 나타나지 않는 음절이지만 발음을 하는 데 있어 서는 아무런 문제가 없는 음절들이다. 일종의 형태음소규칙 (morphophonemic rules)이라 할 수 있다.[27] /기, 키, 히/에 나타 나는 오류 양상은 다음과 같다.

〈표 34〉 /기, 키, 히/ 오류 양상

음절	실험 어휘	주요 오류 양상
기	기린	없음
키	봉키	퀴(2%)
히	히룽	휘(5%)

/키/를 [퀴]로 발음하는 것처럼 /ㅣ/를 /ㅟ/로 대체해서 발음 하는 오류 양상이 나왔지만 이는 개별 학습자가 음절 결합 형 태를 생소하게 느껴서 범한 수의적인 오류이다.

2) /갸, 캬, 햐/

/갸, 캬, 햐/ 음절의 오류율 및 오류 양상은 다음과 같다.

---

27) 사실 [k, kʰ, x]가 모음 [i]와 결합하지 못하는 제약은 표준 중국어에서만 존재하고 실 제 중국 각지 방언을 관찰할 때 이러한 제약이 적용되지 않는 발음도 존재한다. 예를 들면, 중국 민남 방언에서 표준 중국어 [tɕi]로 발음하는 한자가 [ki]로 발음한다. 형태 음소규칙에 대한 보다 자세한 논의는 허용(2004)을 참조할 것.

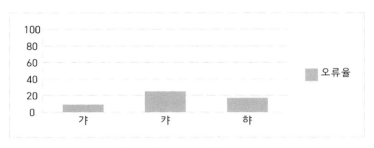

〈도표 2〉 /갸, 캬, 햐/ 오류율

〈표 35〉 /갸, 캬, 햐/ 오류 양상

음절	실험 어휘	주요 오류 양상
갸	문갸	기-아(8%), 가(1%)
캬	캬눈	키-아(25%)
햐	햐툰	히-아(17%)

/갸, 캬, 햐/ 음절의 대표적인 오류 형태는 이중모음을 단모음화 해서 발음하는 오류이다. 이는 중국인 학습자들이 /ㄱ, ㅋ, ㅎ/과 /ㅑ/의 조합에 익숙하지 않으므로 이중모음을 단모음화 해서 발음하는 경향을 보인다. 물론 중국어에서 /ㄱ, ㅋ, ㅎ/ 음소가 /ㅣ/와 결합하는 형태도 존재하지 않는 형태이나 앞에서 본 바와 같이 중국인 학습자들은 /기, 키, 히/를 빨리 습득할 수 있다. 이런 관점에서 볼 때, /갸/를 [기-아28)]로 발음하는 오류는 음절 구조의 차이로 보는 것이 더 타당하다. 즉, 한국어의

---

28) 이때 중국인 학습자의 발음 [기-아]는 한국어의 [기아]처럼 2음절로 완전히 분리해서 발음하는 것이 아니고 [기]부터 [아]까지 미끄럽게 넘어가면서 산출한 1음절 발음이다. 즉, 여기서 '-'로 표시한 발음은 모두 1음절 발음을 의미한다.

/ㅑ/는 [ja]로 발음하고 중국어의 /ia/는 [ia]로 발음하기 때문에 중국인 학습자들이 /갸/를 발음할 때 활음 [j]를 습관적으로 [i]로 발음하게 된다. 따라서 한국어 모어 화자가 들을 때 [기-아]처럼 발음하는 오류가 일어난다.[29]

3) /계, 혜/

/계, 혜/ 음절 발음 실험의 결과는 다음과 같다.

〈도표 3〉/계, 혜/ 오류율

이상 도표를 보면, /계, 혜/의 오류율이 굉장히 낮게 나타났

---

29) 본고에서 전통적인 관점에 의하여 중국어의 이중모음을 모음과 모음의 결합으로 보고 있지만 일부 학자들이 다른 관점을 가지고 있다. 예를 들면, 린(2010)은 중국어의 이중모음을 활음과 모음의 결합으로 보고 있고 활음이 두음 위치에 속한다고 주장한다. 이런 관점에 따르면, 중국인 학습자들이 이중모음 [갸]를 [기-아]처럼 길게 발음하는 오류는 다음 그림으로 설명할 수 있다.

```
   [갸]          [기-아]
   O  N          O  N
   |  |          |  |
   x  x   --->   x  x
   | / \         / \ |
   k  j a        k  j a
```

고 중국인 학습자들이 이 두 개의 발음을 많이 어려워하지 않는 것을 발견할 수 있다. 이 부분에서 나타나는 오류 양상에 대해서 본격적인 논의를 시작하기 전에 먼저 /계, 혜/의 표준 발음을 볼 필요가 있다. 표준 발음법에 따르면 'ㄹ'을 제외한 자음 뒤에서는 /ㅖ/를 [ㅔ]로 발음하는 것도 허용되는 것으로 규정하고 있다. 따라서 /계, 혜/의 실제 발음은 [계, 혜]나 [게, 헤]가 모두 된다. /ㄱ, ㅎ/의 발음 양상을 실험으로 살펴본 결과, 대부분의 피실험자들이 /계, 혜/를 발음할 경우 [게, 헤]로 발음했다. 이에 대하여 피실험자 소속 학교 한국어 교사를 대상으로 조사한 결과, /ㅖ/가 기타 자음과 결합 시 /ㅔ/로 읽는다고 가르쳤기 때문에 나타난 현상이므로 학습자들의 이러한 발음은 오류로 보면 안 된다.

/계, 혜/의 오류 양상은 주로 다음과 같다.

〈표 36〉 /계, 혜/ 오류 양상

음절	실험 어휘	주요 오류 양상
계	계둔	겐(4%), 기-에(1%)
혜	혜윤	히-에(6%), 혀(3%), 헨(3%)

이상 <표 36>에서와 같이, 중국인 학습자들이 /계, 혜/를 [기-에, 히-에]로 발음하거나 [겐, 헨]으로 발음하는 오류가 주로 나타났다.

먼저 /계, 혜/를 각각 [기-에], [히-에]처럼 단모음화 해서 발음하는 오류는 앞에서 본 /갸/에서와 같이 음절 구조의 차이로 볼 수 있다. 즉, 한국어의 이중모음이 활음 [j]와 모음 [ɛ]로 이루어지는 반면에 중국어의 이중모음은 모음 [i]와 모음 [ɛ]와의 결합이다. 따라서 중국인 학습자들은 모국어의 영향으로 인해 활음 [j]를 모음 [i]로 발음하는 오류를 범한다.

그다음 [겐], [헨]으로 발음하는 오류도 있는데, 이에 대하여 데이터 자료를 다시 살펴본 결과, 피실험자 중 한 명이 범한 오류일 뿐이고 이는 실험 음절 중 뒤 음절 /둔, 윤/의 영향으로 인한 발음 실수이다. /혀/ 음절도 마찬가지로 개별 피실험자의 실수로 분석된다.

4) /귀, 퀴, 휘/

/귀, 퀴, 휘/ 음절의 발음 오류율 및 오류 양상은 다음과 같다.

〈도표 4〉/귀, 퀴, 휘/ 오류율

위 도표를 보면, 중국인 학습자들이 /귀, 퀴, 휘/를 발음할 때 오류율이 아주 낮은 것으로 나타났다. 이 세 개 음절의 주요 발음 오류 양상은 다음과 같다.

〈표 37〉 /귀, 퀴, 휘/ 오류 양상

음절	실험 어휘	주요 오류 양상
귀	귀렌	규(2%)
퀴	본퀴	쾨(2%)
휘	휘렌	회(2%)

이상 표에서 나온 바와 같이, /귀, 퀴, 휘/를 발음하는 데 있어서 중성 /ㅟ/를 종성 /ㅚ/로 대체해서 발음하는 오류가 나타났다. 이는 개별 학습자가 /ㅟ/, /ㅚ/를 구별하지 못하므로 범한 오류이다.

그리고 이 표에서는 나타나지 않았으나 여기서 주의해야 할 점은 일부 학습자들이 /귀, 퀴, 휘/를 각각 [구-이, 쿠-이, 후-이]로 발음하는 양상이 나왔다는 점이다.[30] 한국어에서는 /ㅟ/를 이중모음으로 인정하기 때문에 이를 오류로 볼 수 없다. 하지만 [ㅟ]로 발음하는 것과 [ㅜ ㅣ]로 발음하는 것은 다르다는 사실을 알아 두어야 한다. 즉, 전자에서는 /ㅜ/가 활음이지만 후자에서는 /ㅣ/가 활음이다. 이를 다음 (7)과 같이 나타낼 수 있다.

---

30) /귀, 퀴, 휘/ 실험에서 [구-이], [쿠-이], [후-이]로 발음하는 비율은 각각 **13%, 8%, 20%**로 나타났다.

(7)

```
a.   N         b.    N
    / |             | \
   x  x           x  x
   |  |           |  |
   U  I           U  I

   [ㅟ]           [ㅜ-ㅣ]
```

1.2. '자음 + /ㅓ/' 결합

중국어에서 /ㅓ/와 같은 [ə] 발음이 /e/[ɤ]의 변이음으로 존재한다. 이는 아래 (8)과 같이 중국어 음절에서 [ə]가 단독으로 운을 구성할 수 없는 제약이기 때문이다. 따라서 자음과 /ㅓ/의 결합 형태에 대응되는 중국어 음절이 있지만 실제 발음이 다르다.

(8)

```
* O    N
   |    |
   x    x
   |    |
  (C)  [ə]
```

실험을 통하여 자음과 /ㅓ/가 결합할 때 중국인 학습자들이 어떻게 발음하는지에 대하여 살펴본 결과는 다음과 같다.

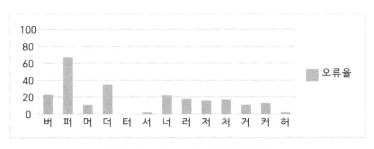

〈도표 5〉 '자음 + /ㅓ/' 결합 오류율

위 도표에서 나온 오류율을 보면, 자음과 /ㅓ/가 결합하여 이루어진 음절 중 각 음절에 따라 오류율의 차이가 많이 난다. 그중 /퍼/의 오류율이 제일 높았고 /서, 허/의 오류율이 아주 낮게 나타났으며 /터/의 오류는 없는 것으로 나왔다. 이만큼 중국인 학습자들이 이런 결합 형태에 대한 발음이 차이가 난다는 것을 말해 준다. 각 음절의 오류 양상을 살펴보면 다음과 같다.

〈표 38〉 '자음 + /ㅓ/' 결합 오류 양상

음절	실험 어휘	주요 오류 양상
버	버관	보(17%), 붜(2%), 보어(1%)
퍼	뫼퍼	풔(26%), 포(23%), 포어(11%)
머	머팅	모(9%), 머우(1%), 모어(1%)
더	퐁더	둬(21%), 도(11%), 뎌(2%)
터	터컨	없음
서	서엔	수(1%), 쉬(1%)
너	횡너	노(13%), 눠(8%)
러	거러	뤄(7%), 리(5%), 로(3%)

음절	실험 어휘	주요 오류 양상
저	큉저	줘(8%), 저(5%), 조(1%)
처	처로	쳐(7%), 춰(4%), 초(4%)
거	거러	궈(4%), 그(5%), 고(1%), 거(1%)
커	커흥	코(5%), 켜(2%), 쿄(2%), 쿼(2%)
허	허뤄	허우(2%)

위의 표에서 전체적인 오류를 보면, 중국어 [ə]는 음절에서
단독으로 운을 구성할 수 없기 때문에 중국인 학습자들이 /ㅓ/
를 다른 모음으로 대체하는 경우가 많다. 주로 /ㅓ/를 /궈/로
대체하거나 /ㅗ/로 대체하는 오류가 있고 /ㅕ/로 대체해서 발음
하는 오류도 조금씩 나타났다.

먼저 /퍼/를 [풔]로, /더/를 [둬]로 발음하는 것처럼 /ㅓ/를 /
궈/로 대체하는 오류는 [u] 소리를 삽입하는 오류이다. 이에 대
한 오류 원인을 논의하기 전에 중국어에 있는 [ə]가 출현하는
위치를 살펴볼 필요가 있다. 그 위치를 다음 (9)처럼 나타낼 수
있다.

(9) [ə]가 나타나는 환경

```
O     N     O     N     O     N
|     |           |     |     |
x     x           x     x     x
|     |                 |     |
(C)   (V)              [ə]    C
```

위 (9)에서와 같이 [ə]가 반드시 맘음 자음과 같이 나와야 한

다. 그리고 선행 음절핵 위치에 고모음이 올 경우 항상 원순 고모음 [u] 소리가 온다. 예를 들면, 중국어에는 uen[uən], ueng[uəŋ] 음절이 존재하는데 이처럼 [ə]는 항상 [u]와 같이 나타난다. 따라서 중국인 학습자들이 [ə] 발음을 내기 위하여 자연스럽게 [u]를 첨가한 것으로 보인다. 이를 구성 원소 이론으로 나타내면 다음 (10)과 같다.

(10) /ㅓ/를 [ㅝ]로 발음하는 오류

```
N                              N
|                              |
x           U 원소 삽입          x
|              ⟶               / \
Ø                            U  Ø
|                              |
A                              A
```

두 번째, 단모음 /ㅓ/를 /ㅗ/로 대체하는 오류도 많이 나타났다. 예를 들면, /버/를 [보]로 발음하거나 /너/를 [노]로 발음하는 오류 등이 그것이다. 이는 구성 원소 이론을 적용하면 /ㅓ/가 포함하고 있는 두 개의 구성 원소 U와 A가 합병한 결과로 볼 수 있다.

(11) [ᅱ]가 [ᅴ]로 변하는 과정

그리고 이러한 오류 양상은 특히 양순음 /ㅂ, ㅍ, ㅁ/이 앞에
올 때 더 두드러진다. 이러한 현상이 일어나는 이유는 양순음
에 포함되어 있는 U 원소의 확산 때문이다.

(12) /버/를 [보]로 발음하는 오류

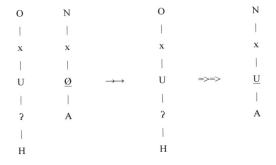

/버/를 [보]로 발음하는 오류를 예로 들어 설명하면, 위 (12)
에서 /ㅂ/에 포함되어 있는 U 구성 원소가 /ㅓ/ 안에 있는 빈자
리로 확산되고 결국에 모음이 U와 A 두 개의 구성 원소를 모

두 갖게 되어 /ㅗ/로 변한다.

마지막으로 /저, 처/ 음절에서 [져], [쳐]처럼 [i] 소리를 첨가
해서 발음하는 오류도 있는데 이는 원소 I(전설성)의 확산 현상
이다.

(13) /저/를 [져]로 발음하는 오류

```
    O         N              O              N
    |         |              |              |
    x         x              x              x
    |         |              |             / \
    I         Ø      ⟶       I      =>=>   I Ø
    |         |              |              |
    ?         A              ?              A
    |                        |
    A                        A
    |                        |
    H                        H
```

위 (13)에서와 같이, 전설성을 가진 /ㅈ/ 자음에 포함되어 있
는 I 원소가 확산된 결과 모음에서도 I 원소를 갖게 되어 /ㅕ/
로 변한다. 이로 인해 중국인 학습자들이 /저/, /처/ 음절을
[져], [쳐]로 발음하는 오류를 범한다.

2. (초성)-중성-종성에 나타나는 오류

(초성)-중성-종성 음절에서 논의할 내용은 '(자음) + /ㅔ/ + /

ㅇ/' 결합, '/ㄱ, ㅋ, ㅎ/ + /ㅣ/ + /ㅇ/' 결합, '(자음) + /ㅑ/ + /ㅇ/'
결합, '(자음) + /ㅟ/ + /ㅇ/' 결합, '(자음) + /ㅗ/ + /ㅇ/' 결합,
'(자음) + /ㅗ/ + /ㄴ/' 결합, '(자음) + /ㅑ/ + /ㄴ/' 결합이 있다.
이러한 결합을 가진 음절들은 중국어에는 존재하지 않기 때문
에 중국인 학습자들에게 오류가 많이 발견되는 것들이다.

2.1. '(자음) + /ㅔ/ + /ㅇ/' 결합

중국어에서 한국어 /ㅔ/와 대응되는 /e/[ɛ]가 있고 종성 /ㅇ/[ŋ]
에 대응되는 소리가 개별적으로는 존재하지만 두 음소가 서로
결합하지는 않는다. 그것은 중국어 음소배열제약 중의 하나인
'운 안의 분절음은 동일한 [후설성]의 값을 가져야 한다'는 제
약을 위반하기 때문이다(린, 2010: 183). 이 제약을 다음 (14)
와 같이 나타낼 수 있다.

(14)

```
    * N   O
      |   |
      x   x
       \ /
    [±후설성]
```


중국어 음절말에 오는 자음이 포함하는 이러한 [후설성] 값
을 구성 원소 이론을 적용해서 표현할 경우 A 구성 원소와 관

련이 있다. 즉, A 구성 원소를 가진 [n] 음소가 [-후설성] 값을 지니고 A 구성 원소가 없는 [ŋ] 음소가 [+후설성] 값을 지닌다. 이상 제약에 의하면, [ɛ]가 [-후설성] 값을 지닌 반면에 [ŋ]가 [+후설성] 값을 지니므로 둘이 결합하지 않는다.

(15)

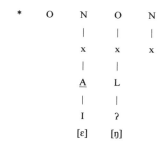

위 (15)에서와 같이, I 구성 원소를 가진 [ɛ]가 [-후설성] 값을 가진 반면에 [ŋ]에서 A 원소의 부재로 [+후설성] 값을 가진 다.[31] 이는 (14)에 나타나는 제약과 맞지 않는다. 중국어에 존재하지 않는 이러한 결합 형태를 무의미한 어휘에 넣어서 발음 실험을 한 결과는 다음과 같다.

---

31) 중국어에서 이와 관련된 음소배열제약을 [후설성] 값으로 다루고 있는데 이를 지배음 운론의 관점에서 볼 때, 음절핵에 있는 모음이 포함하는 I(전설성) 원소로 표시할 수 있다. 즉, [-후설성]을 나타낼 가능성이 있는 것을 볼 수 있다. 그러나 그 확실성의 여부에 대해서는 보다 깊은 연구가 필요하다.

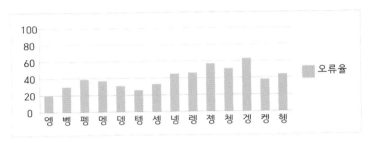

〈도표 6〉 '(자음) + /ㅖ/ + /ㅇ/' 결합 오류율

위의 도표를 보면, '(자음) + /ㅖ/ + /ㅇ/' 결합의 모든 음절은 모두 비교적 높은 오류율을 보이고 있다. 특히 /겡/의 오류율이 제일 높고, /넹, 렝, 젱, 쳉, 헹/ 등의 오류율도 40%를 넘는 것으로 볼 때, 이 음절들은 중국인 학습자들에게 발음하기 어려운 것이라는 사실을 알 수 있다. 각 음절의 오류 양상은 다음과 같다.

〈표 39〉 '(자음) + /ㅖ/ + /ㅇ/' 결합 오류 양상

음절	실험 어휘	주요 오류 양상
엥	엥회	엔(5%), 앙(5%), 잉(5%), 안(3%)
벵	벵면	베(13%), 벤(9%), 벙(4%)
펭	화펭	펜(20%), 펑(11%)
멩	겨멩	멘(17%), 메(10%), 명(6%)
뎅	뎅긴	덴(22%), 딩(3%), 딘(3%)
텡	텡온	테(11%), 텐(7%), 텅(5%)
셍	셍휴	센(20%), 청(6%)
넹	넹서	넨(36%), 닝(6%)
렝	화렝	렌(25%), 레(4%), 령(4%)
젱	듀젱	젠(37%), 징(9%), 정(5%)
쳉	쳉슈	첸(29%), 채(15%)
겡	뉘겡	겐(51%), 깅(6%)
켕	윙켕	켄(20%), 케(9%), 컹(4%)
헹	헹노	헨(26%), 헤(9%), 힝(5%)

'(자음) + /ㅔ/ + /ㅇ/' 결합의 주요 오류 양상을 살펴보면, 주로 /펭/을 [펜]으로 발음하거나 /겡/을 [겐]으로 발음하는 것처럼 종성 /ㅇ/을 /ㄴ/으로 대체하는 종성 교체 오류, 그리고 /멩/을 [메]로 발음하거나 /첵/을 [체]로 발음하는 것처럼 종성을 탈락시키는 오류가 있다.

/ㅇ/을 /ㄴ/으로 대체하는 오류는 모든 경우에 나타나는 매우 보편적인 것이다. 이는 중국어에서 /ian/[iɛn] 발음이 있기 때문에 중국인 학습자들이 [ɛŋ] 대신에 비교적으로 익숙한 [ɛn]로 대체해서 발음한 결과이다. 그리고 이것이 또한 중국어의 동일한 [후설성]을 가져야 한다는 음소배열제약에 맞추기 위하여 발생한 필연적인 오류로 볼 수 있다. 즉, 모음 [ɛ]의 [-후설성] 값을 맞추기 위하여 중국인 학습자들이 종성 [ŋ]를 중성 [ɛ]와 같은 [-후설성] 값을 지닌 [n]으로 바꾼다.

(16) /헹/을 [헨]으로 발음하는 오류

```
O   N   O   N              O   N   O   N
|   |   |   |              |   |   |   |
x   x   x   x              x   x   x   x
|   |   |   |              |   |   |   |
H   A   L        ⟶        H   A   L
    |   |                      |   |
    I   ?                      I   ?
                                   |
                                   A
```

/헹/을 [헨]으로 바꾸는 과정을 예로 들면, 위의 (16)에서 볼 수 있듯이, 이를 구성 원소 이론의 관점에서 보면, 마지막에 오는 자음 위치에 A 구성 원소를 첨가하는 현상이 된다.

한편 /멩/을 [메]처럼 발음하거나 /챙/을 [체]처럼 발음하는 것과 같이 종성을 탈락시킨 오류의 경우는 학습자가 자신이 어려워하는 발음을 단순화시켜서 범하게 된 것이라 할 수 있다.

이상의 오류 외에도 중성을 바꿔서 /펭/을 [펭]으로 발음하거나 /넹/을 [닝]으로 발음하는 오류도 있는데, 이러한 오류들은 학습자들이 정확한 발음을 내기 위해 나온 중간 소리로 볼 수 있다.

2.2. '/ㄱ, ㅋ, ㅎ/ + /ㅣ/ + /ㅇ/' 결합

3장의 초성-중성-종성 음소배열제약 대조표 <30>을 보면 중국어에는 /ging/, /king/, /hing/ 음절이 존재하지 않는다는 사실을 알 수 있다. 이는 위에서 언급한 바와 같이 중국어에서 연구개음 [k, kʰ, x]는 전설 고모음 [i, y] 앞에 출현할 수 없는 제약이 있기 때문이다.

(17)

```
a * O  N   O  N     b * O   N   O  N     c * O   N     O   N
    |   |   |  |         |   |   |  |         |   |     |   |
    x   x   x  x         x   x   x  x         x   x     x   x
    |   |   |  |         |   |   |  |         |   |     |
   [k] [i]    [ŋ]       [kʰ] [i]    [ŋ]      [x] [i]       [ŋ]
```

중국어에는 위의 (17)과 같은 음절이 없으므로 중국인 학습자들이 /깅, 킹, 힝/을 발음할 때 오류가 발생하는 것으로 나타났다. 이에 대해 실험한 결과, 중국인 학습자들의 발음 오류율 및 오류 양상은 다음과 같이 나타났다.

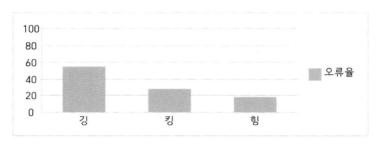

〈도표 7〉 /깅, 킹, 힝/ 오류율

위의 도표를 보면, 중국인 학습자들이 /깅, 킹, 힝/을 발음하는 데에 있어 어려움이 있다는 것을 알 수 있다. 그중 특히 /깅/의 오류율이 제일 높은 것으로 나타났다.

〈표 40〉 /깅, 킹, 힝/ 오류 양상

음절	실험 어휘	주요 오류 양상
깅	톤깅	긴(34%), 겅(9%), 귬(5%), 기(5%)
킹	킹얀	킨(12%), 컹(6%), 키(6%)
힝	힝솬	힌(11%), 헝(4%)

위의 <표 40>과 같이, 중국인 학습자들은 /깅, 킹, 힝/을 각

각 [긴, 킨, 힌]으로 발음하거나 [겅, 컹, 헝]으로 발음하는 오류
를 많이 범했다.

이 두 가지 오류가 일어난 원인을 분석하려면 먼저 한국어 /
잉/에 대응되는 중국어 /ing/의 실제 발음을 살펴볼 필요가 있
다. 중국어에서 /ing/ 음절이 있지만 실제 발음은 [iəŋ]로 발음
한다. 이는 [-후설성] 값을 지닌 [i]가 [+후설성] 값을 지닌 [ŋ]와
위치상 멀어서 중간에 과도음 [ə]를 삽입시켜서 발음하는 것이
다. 이를 달리 말하면, /잉/ 발음은 중국인 학습자에게 익숙하지
않은 발음이라는 것이다. 이러한 익숙하지 않은 음절 앞에 [k,
kʰ, x]가 오면 중국인 학습자에게 더욱 어려운 발음이 된다. 이
때 중국인 학습자들은 쉽게 발음하기 위해서 /ing/ 전체를 중국
어에서 가능한 /in/으로 바꾸거나 [ə]를 삽입시켜서 발음한다.

우선 /ㅇ/을 /ㄴ/으로 바꾸는 식으로 종성을 교체하는 오류
는 다음 (18)과 같이 나타낼 수 있다.

(18) /깅/을 [긴]으로 발음하는 오류

O	N	O	N		O	N	O	N
|	|	|	|		|	|	|	|
x	x	x	x		x	x	x	x
|	|	|			|	|	|	
H	I	L		→	H	I	L	
|	|	|			|	|	|	
?	?	?			?	?	?	
							|	
							A	

/깅/을 [긴]으로 발음하는 오류를 예로 들면, 한국어 /ㅣ/에 대응되는 중국어 /i/는 [-후설성] 값을 가지는 반면에 종성 /ㅇ/에 대응되는 /ng/[ŋ]은 [+후설성] 값을 가진다. 이러한 결합이 중국어 음소배열제약을 위반하기 때문에 중국인 학습자들이 종성 [ŋ]를 [-후설성] 값을 가진 [n]으로 바꾸어서 발음한다. 이를 구성 원소 이론의 관점에서 보면, 중성 자리에 있는 모음에 포함되어 있는 전설성 I를 맞추기 위하여 종성 위치에 있는 자음이 A 원소를 첨가하는 현상이다. 그리고 위에 있는 오류 양상 표를 살펴보면, /ㅇ/ 받침을 /ㄴ/으로 변환해서 발음하는 오류가 제일 많다는 사실을 알 수 있다.

그다음은 중성 자리에 /ㅓ/ 모음을 첨가하는 오류이다. 밑에 (19)에서 나타내는 바와 같이, 중국어에 있는 [후설성] 값이 동일해야 한다는 제약을 위반하지 않기 위하여 [ə]를 삽입하고 /힝/을 /형/으로 바꾼다. 이를 구성 원소 이론을 이용해서 표시하면 다음과 같다. 이러한 변화 양상은 구성 원소 I를 가진 모음과 구성 원소 A를 가지지 않는 자음이 인접되는 것을 피하기 위한 결과이다.

(19) /힝/을 [형]으로 발음하는 오류

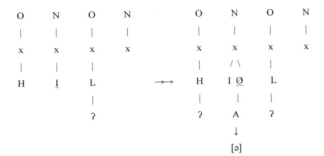

이상 두 가지 주요 오류 양상 외에 /깅/을 [기], /킹/을 [키]로 발음하는 것처럼 받침을 탈락시켜서 발음하는 오류도 조금 나타났다. 이는 중국인 학습자들이 발음을 단순화해서 범한 오류로 볼 수 있다.

2.3. '(자음) + /ㅑ/ + /ㅇ/' 결합

3장 음소배열제약 대조표 <30>을 보면, 한국어 '(자음) + /ㅑ/ + /ㅇ/' 결합에 대응되는 중국어 음절이 존재하지 않거나 존재하더라도 발음이 다르다. 이러한 음절들을 발음하는 데 있어 중국인 학습자들이 어떤 오류 양상을 보이는지 실험을 통해서 살펴보았다.

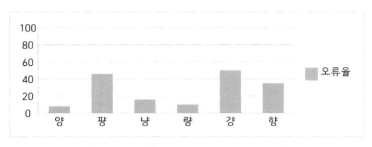

〈도표 8〉 '(자음) + / ㅑ / + / ㅇ/' 결합 오류율

<도표 8>을 보면, '(자음) + / ㅑ / + / ㅇ/' 결합에서 중국인 학습자들이 많이 어려워하는 음절은 /걍/, /퍙/ 그리고 /향/이 있다. 각 음절의 주요 오류 양상은 다음과 같다.

〈표 41〉 '(자음) + / ㅑ / + / ㅇ/' 결합 오류 양상

음절	실험 어휘	주요 오류 양상
양	양다	영(8%)
퍙	퍙돈	평(28%), 피-양(8%), 퍄(4%)
냥	쉬냥	녕(11%), 냐(2%)
량	규량	령(5%), 랴(3%)
걍	뇐걍	갸(21%), 경(13%), 기-양(11%)
향	향꿩	형(17%), 히-양(12%)

위의 표를 보면, '(자음) + / ㅑ / + / ㅇ/' 결합의 오류는 주로 대체 오류, 단모음화 오류, 그리고 받침 탈락 오류로 나왔다.

우선, /퍙/을 [평]으로 발음하거나 /향/을 [형]으로 발음하는 대체 오류가 제일 많이 나타났다. 이는 중국어 /iang/ 음절의 실

제 발음 [iɑŋ]와 관련이 있다. 앞에서 언급한 대로 중국어에서 모음과 비음은 동일한 [후설성] 값을 가져야 한다. 앞에 한·중 단모음 비교 <표 10>에서 나타나는 바와 같이 중국어의 [a]는 중설모음으로서 [-후설성] 값을 나타내고 [+후설성] 값을 지닌 [ŋ]과 충돌하기 때문에 /a/ 음소가 자음 /ng/ 앞에 오면 발음이 [+후설성] 값을 지닌 [ɑ]로 변한다. 한국어에서는 후설 저모음 [ɑ] 발음이 존재하지 않지만 후설 중모음인 [ə]가 존재한다. 따라서 중국인 학습자들이 종성에 오는 [ŋ] 발음이 지닌 [+후설성] 값의 영향을 받아서 /퍙, 향, 냥/ 등을 [평, 형, 녕] 등으로 발음한 오류 양상이 나타난다.

(20) /냥/을 [녕]으로 발음한 오류

```
a. O   N   O   N      b.* O   N   O   N      c. O   N   O   N
   |   |   |   |          |   |   |   |         |   |   |   |
   x   x   x   x  →   x   x   x   x  →   x   x   x   x
   |   /\  |          |   /\  |           |   /\  |
  [n] [j] [a] [ŋ]     [n] [j] [ɑ] [ŋ]     [n] [j] [ə] [ŋ]
       [냥]                                     [녕]
```

그다음에 /퍙, 걍, 향/ 등 음절을 분리해서 [피-앙], [기-엉], [히-앙] 등처럼 한 음절을 길게 발음하는 오류도 있다. 이는 한·중 음절 구조의 차이로 인한 것으로 분석된다. 즉, 중국 어에서 이중모음은 모음과 모음의 결합이기 때문에 중국인 학습자들이 /ㅑ/를 발음할 때 모국어의 영향을 받아서 [j]를

[i]로 발음하게 된다.

이상 주요 오류 외에, 받침을 탈락시켜 /냥/을 [냐]로 발음하거나 /걍/을 [갸]로 발음하는 오류도 발견할 수 있다. 이러한 오류 또한 중국인 학습자들이 모국어에 존재하지 않는 발음을 쉽게 발음하려다 범한 오류이다.

2.4. '(자음) + /ㅟ/ + /ㅇ/' 결합

중국어에서 [y]와 [n]의 결합이 존재하지만 [y]와 [ŋ] 음소가 서로 다른 [후설성] 값을 가지므로 위의 (14)에서 제시한 중국어의 음소배열제약을 위반하여 결합이 불가능하다. 따라서 한국어의 '(자음) + /ㅟ/ + /ㅇ/' 결합에 대응되는 중국어 음절이 존재하지 않는다.

(21)

```
*     O      N      O      N
      |      |      |      |
      x      x      x      x
      |      |
      U      L
      |      |
      I      ʔ
     [y]    [ŋ]
```

위 (21)에서 나온 바와 같이, I 구성 원소를 포함하는 [y]는 [-후설성] 값을 가진 반면에 [ŋ]에서 A 원소의 부재로 [+후설

성] 값을 가진다. 이처럼 운 안에 분절음이 다른 [후설성] 값을
가진 경우는 중국어에서 허락되지 않는다. 한국어 '(자음) + /
ᆏ/ + /ㅇ/' 결합에 있는 음절 발음 실험을 한 결과 중국인 학
습자들의 발음 오류율은 다음과 같다.

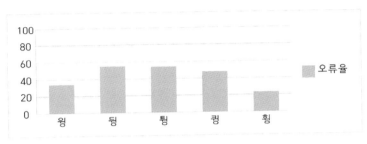

〈도표 9〉 '(자음) + /ᆏ/ + /ㅇ/' 결합 오류율

<도표 9>에 따르면 중국인 학습자들이 '(자음) + /ᆏ/ + /ㅇ/'
결합에 있어서 음절을 발음할 때 특히 /뒹/, /튕/, /퀑/의 발음
에 오류가 많이 나타난다. 각 음절의 오류 양상을 살펴보면 다
음과 같다.

〈표 42〉 '(자음) + /ᆏ/ + /ㅇ/' 결합 오류 양상

음절	실험 어휘	주요 오류 양상
윙	윙켕	윈(12%), 윙(8%), 융(6%), 웡(4%), 웅(4%)
뒹	머뒹	뒨(37%), 듕(7%), 딘(7%), 딍(4%)
튕	튕녀	퇸(22%), 탱(12%), 튀(10%), 팅(10%),
퀑	퀑저	퀜(23%), 쾅(9%), 쿵(5%), 퀸(6%), 쿤(5%)
휑	휑코	횅(9%), 흉(7%), 휜(7%)

위의 표를 보면, '(자음) + /ㅟ/ + /이' 결합 음절의 오류율이 높고 오류 양상도 아주 다양하다. 이는 중국인 학습자들이 이런 결합 형태의 발음에 대하여 정확히 발음하지 못하고 생소하게 느낀다는 사실을 보여준다. 중국인 학습자들이 주로 범하는 오류는 종성 교체 오류, 중성 교체 오류가 있다.

오류 양상을 살펴보면, 종성 /이을 /ㄴ/으로 대체하는 오류가 제일 많다. 이는 중국어에 존재하는 [yn] 음절의 영향 때문으로 볼 수 있다. 그리고 이에 대한 심층적인 원인은 음소배열제약에서 찾을 수 있다. 즉, 중국인 학습자들이 [yŋ] 발음에 익숙하지 않아서 [y]의 [-후설성]을 맞추기 위하여 종성 /이을 /ㄴ/으로 자연스럽게 바꾼다. 구성 원소 이론에서 볼 때 이러한 오류는 [+후설성] 값을 나타내는 A 구성 원소의 첨가 현상이다.

(22) /뒹/을 [뒨]으로 발음하는 오류

```
O   N   O   N              O   N   O   N
|   |   |   |              |   |   |   |
x   x   x   x              x   x   x   x
|   |   |                  |   |   |
H   U   L       ⟶          H   U   L
|   |   |                  |   |   |
?   I   ?                  ?   I   ?
|                          |       |
A                          A       A
```

다음으로는 중성 /ㅟ/를 /ㅠ/로 대체하는 오류도 나타났다. 이 또한 모국어 음절의 영향으로 일어난 오류로 볼 수 있다.

예를 들면, /횡/을 [흉]으로, /뒹/을 [듕]으로 발음하는 경우이다. 이는 중국어에서 /iong/ 음절이 올 수 있기 때문에 중국인 학습자들이 익숙한 음절로 대체하는 오류로 볼 수 있다. 아래 (23)에서와 같이 단모음 /ㅟ/를 구성하는 두 개 구성 원소 I와 U의 분리 현상이다.

(23) /뒹/을 [듕]으로 발음하는 오류

```
   O   N   O   N          O   N   O   N
   |   |   |   |          |   |   |   |
   x   x   x   x          x   x   x   x
   |   |   |              |  / \  |
   H   U   L      ⟶       H  I U  L
   |   |   |              |       |
   ?   I   ?              ?       ?
   |                      |
   A                      A
```

이상 두 가지 오류 외에 /웡/을 [윙]으로 발음하거나 /쿵/을 [쿵]으로 발음하는 것처럼 중성 /ㅜ/를 /ㅚ/로 바꾼 오류도 나타났는데, 이는 학습자가 /웡/과 /윙/ 발음이 헷갈리기 때문에 발생한 오류이다.

2.5. '(자음) + /ㅗ/ + /ㅇ/' 결합

중국어에서 /옹/에 대응되는 음절 /ong/가 있지만 이 음절의 실제 발음은 [ʊŋ]이므로 /옹/과 다르다. 이러한 차이로 인해서

중국인 학습자들이 한국어 '(자음) + /ㅗ/ + /ㅇ/' 결합을 발음
할 때 오류가 나타난다. 이런 결합 형태에서 중국인 학습자들
의 오류율 및 오류 양상은 다음과 같다.

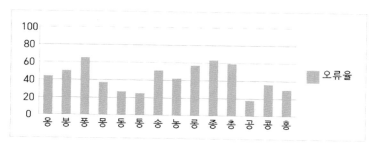

〈도표 10〉 '(자음) + /ㅗ/ + /ㅇ/' 결합 오류율

위의 도표를 보면, '(자음) + /ㅗ/ + /ㅇ/' 결합의 거의 모든
경우에 오류가 나타났고, 그중에서도 피실험자들이 특히 /퐁,
송, 종, 총, 롱/의 발음을 많이 어려워했다. 각 음절의 주요 오
류 양상은 다음과 같다.

〈표 43〉 '(자음) + /ㅗ/ + /ㅇ/' 결합 오류 양상

음절	실험 어휘	주요 오류 양상
옹	광옹	온(24%), 오(5%)
봉	봉키	벙(32%), 번(6%), 본(2%)
퐁	퐁더	풩(14%), 펑(16%), 폰(6%)
몽	노몽	멍(13%), 몬(9%), 먼(6%)
동	힌동	둥(12%), 돈(4%), 뒁(3%)
통	촨통	퉁(10%), 텅(2%)
송	송펴	성(24%), 숭(6%)

음절	실험 어휘	주요 오류 양상
농	표농	눙(7%), 놩(4%), 논(6%), 눈(5%)
롱	페롱	륭(8%), 룽(7%), 렁(3%)
종	종류	정(21%), 중(11%), 존(6%), 전(6%)
총	총현	청(41%), 춍(4%), 초(2%)
공	창공	궁(9%), 귕(5%)
콩	웨콩	쿤(13%), 쿵(10%), 쿤(5%)
홍	홍변	형(13%), 혼(4%)

<표 43>과 같이, '자음 + /ㅗ/ + /ㅇ/' 결합의 오류는 주로 '자음 + /ㅓ/ + /ㅇ/', '자음 + /ㅜ/ + /ㅇ/', 그리고 '자음 + /ㅝ/ + /ㅇ/' 등으로 대체해서 발음하는 오류 양상으로 나타났다.

오류 원인을 분석하기 전에, 우선 중국어 음절 /ong/의 실제 음가를 살펴볼 필요가 있다. 吳宗濟(1992)에 따르면, 중국어 음절 /ong/에 있는 모음 /o/는 고모음 [u]와 중모음 [o] 사이에 있는 [ʊ] 음가를 가진다. 이를 조음 위치 면에서 보면 한국어 [ə]와 [u] 사이에 있다. 구성 원소 이론에서 볼 때 [o]는 A와 U 두 가지 구성 원소를 포함한다. A가 차지하는 비중이 크면 중국인 학습자들이 /옹/을 /엉/으로 발음하고, 반면에 U가 차지하는 비중이 크면 학습자들이 /웅/으로 발음하는 오류를 쉽게 범한다.

(24) /종/을 [정]으로 발음하는 오류

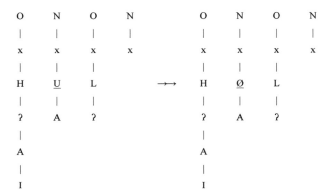

위 (24)처럼, 중국인 학습자들이 /종/을 [정]으로 발음하는 오류는 모국어 [ʊ]의 영향으로 인하여 구성 원소 A의 비중을 더 크게 둔 결과 때문이다.

(25) /둥/을 [뒝]으로 발음하는 오류

위 (25)처럼, 중국인 학습자들이 /동/을 [둥]으로 발음하는 오류는 모국어 [ʊ]의 영향으로 인하여 구성 원소 U의 비중을 더 크게 둔 결과이다.

이상 <표 43>에서 중성 /ㅗ/를 /ㅓ/로 발음하는 오류율이 /ㅜ/로 발음하는 오류율보다 높은 사실을 고려할 때, 중국어의 /o/ 음소가 가진 두 개의 구성 원소 중 A의 비중이 비교적 크며, 한국어의 /ㅓ/ 음소와 훨씬 가깝다는 결론을 내릴 수 있다.

마지막으로 '자음 + /궈/ + /ㅇ/'으로 대체하는 오류는 주로 /퐁/에서 나타났다. 이는 아래 (26)과 같이 순음 /ㅍ/이 포함하고 있는 [순음성]의 영향 때문으로 분석된다.

(26) /퐁/을 [풩]으로 발음하는 오류

```
O     N     O     N              O     N     O     N
|     |     |     |              |     |     |     |
x     x     x     x              x     x     x     x
|     |     |                    |    / \    |
H     U     L        →           H    U Ø    L
|     |     |                    |     |     |
?     A     ?                    ?     A     ?
|                                |
U                                A
```

그 외에, /옹/의 발음 오류 양상을 살펴보면 [온]으로 발음하는 오류가 많이 나타났다. 이는 음소배열제약으로 인한 오류라기보다 단어 속 음절의 위치와 관련이 있다. 즉, 해당 음절이 단어의 마지막 자리에 위치할 때 이러한 오류가 발생하는 것으로 판단된다. 비슷한 경우로, /몽/을 [몬]으로 발음하는 오류도 나타났다.

2.6. '(자음) + /ㅗ/ + /ㄴ/' 결합

중국어에서 /o/ 음소와 /n/ 음소가 모두 존재하지만 [후설성] 값이 다르기 때문에 서로 결합하지 않는다. 이러한 제약 때문에 한국어에서 '(자음) + /ㅗ/ + /ㄴ/'의 결합이 자유로운 것에 비하여 중국어에서 이에 대응되는 음절이 전혀 없다. 따라서 중국인 학습자들이 이러한 음절을 발음하는 데 어려움을 느낄 것이다.

(27)

```
* O     N     O     N
  |     |     |     |
  x     x     x
  |     |
  A     L
  |     |
  U     ?
        |
        A
 [o]   [n]
```

(27)을 보면, /o/가 [+후설성] 값을 가지는 반면에 /n/가 [-후설성] 값을 가지고 있으므로 중국어에서 음소배열제약을 위반

하는 결합 형태가 된다. '(자음) + /ㅗ/ + /ㄴ/' 결합에 대해 실험을 실시한 결과, 중국인 학습자들의 발음 오류율 및 오류 양상은 다음과 같이 나타났다.

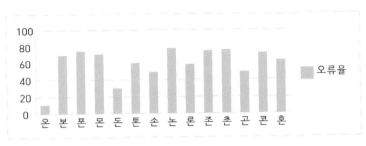

〈도표 11〉 '(자음) + /ㅗ/ + /ㄴ/' 결합 오류율

위 도표를 보면, 실험하기 전에 예측한 바와 같이 중국인 학습자들이 '(자음) + /ㅗ/ + /ㄴ/' 결합의 음절을 발음할 때 아주 높은 오류율이 보였다. 그리고 중국인 학습자들이 단순한 중성-종성 결합인 /온/보다 초성에 자음이 오는 초성-중성-종성의 결합 형태에 대해 더 많은 어려움을 느낀다는 사실을 알 수 있다. 각 음절의 주요 오류 양상은 다음과 같다.

〈표 44〉 '(자음) + /ㅗ/ + /ㄴ/' 결합 오류 양상

음절	실험 어휘	주요 오류 양상
온	탱온	원(8%)
본	본쿼	번(36%), 뷘(15%), 봉(7%)
폰	폰켜	편(51%), 푼(11%), 퓐(5%)
몬	몬둬	면(35%), 뭔(25%), 문(8%)

음절	실험 어휘	주요 오류 양상
돈	괴돈	뒌(10%), 둔(17%)
톤	톤깅	턴(39%), 퉨(8%)
손	쾌손	선(21%), 순(18%), 쉰(8%)
논	휘논	넌(29%), 눈(23%), 뉀(19%)
론	혀론	뤈(23%), 런(14%), 룬(9%), 론(4%)
존	존테	전(45%), 쥔(20%), 준(3%)
촌	촌션	천(44%), 춴(10%), 청(9%)
곤	뷔곤	궨(27%), 군(14%), 건(4%)
콘	붜콘	퀀(36%), 쿤(24%), 큰(6%)
혼	혼셴	훤(25%), 헌(17%), 홍(13%)

위 <표 44>에서 나타나는 바와 같이, 중국인 학습자들이 '(자음) + /ㅗ/ + /ㄴ/' 결합 각 음절을 발음할 때 주로 '자음 + /ㅓ/ + /ㄴ/', '(자음) + /ㅝ/ + /ㄴ/', '자음 + /ㅜ/ + /ㄴ/'으로 대체하는 오류를 많이 범했다.

우선 /톤/을 [턴]으로 발음하거나 /존/을 [전]으로 발음하는 오류처럼 '자음 + /ㅓ/ + /ㄴ/'으로 대체하는 오류는 중국어 음절에 존재하는 [ən] 발음의 영향을 받아서 범한 오류이다. 즉, [n] 발음이 가진 [-후설성] 값을 맞추기 위하여 중국어의 중모음 [o]가 중설 중모음 [ə]로 이동해서 [ən]가 된다. 그리고 양순음 /ㅂ, ㅍ, ㅁ/으로 시작한 자음 뒤에 /ㅗ/가 올 경우, 즉 /본, 폰, 몬/을 [번, 펀, 먼]으로 발음하는 오류는 구성 원소 이론을 적용해서 쉽게 설명할 수 있다.

(28) /본/을 [번]으로 발음하는 오류

위 (28)과 같이 /본/을 [번]으로 발음하는 오류를 예로 설명하면, 자음 /ㅂ/과 모음 /ㅗ/ 모두 U 구성 원소를 갖는다. 이는 동일한 형태가 반복해서 나타나는 것을 금지하는 OCP 제약으로 인해 모음에 있는 U 원소가 탈락된다. 따라서 중국인 학습자들이 [본] 발음을 쉽게 [번]으로 발음한다.[32)]

그다음에 /혼/을 [휜]으로 발음하거나 /론/을 [뤈]으로 발음하는 것과 같이 중성 /ㅗ/를 /ㅝ/로 바꾼 것도 역시 모국어의 영향 때문으로 볼 수 있다. 다시 말하면, 중국어에 [on]이 존재하지 않지만 [uən]이 존재하기 때문에 익숙한 음절로 대체하는 현상이다.

---

32) /본, 폰, 몬/과 같이 초성이 U 구성 원소를 포함하지 않는 자음이 초성에 올 경우에도 /ㅗ/를 [ㅓ]로 바꾸는 오류가 나타났다. 즉 OCP 제약의 적용 환경이 아닌 경우에도 [ㅓ]로의 실현이 나타난다. 이런 오류가 나타나는 원인에 대해 보다 깊은 연구가 필요하다.

(29) /혼/을 [휀]으로 발음하는 오류

```
O   N   O   N              O   N   O   N
|   |   |   |              |   |   |   |
x   x   x   x              x   x   x   x
|   |   |          →       |  / \  |
H   U   L                  H  U Ø  L
|   |                      |   |   |
A   ?                      A   ?
|                          |
A                          A
```

구성 원소 이론의 관점에서 볼 때, 위 (29)에서 나타내는 바
와 같이 /ㅗ/가 /ㅝ/로 변한 것은 [o]에 포함되어 있는 두 개의
구성 원소 A, U의 분리로 인한 필연적인 오류이다.

2.7. '(자음) + /ㅑ/ + /ㄴ/' 결합

중국어에서 한국어 /얀/에 대응되는 /ian/ 음절이 존재하지만
실제 발음은 [iɛn]이다. 이러한 영향으로 중국인 학습자들이 어
떠한 오류를 범하는지에 대하여 실험한 결과는 다음과 같다.

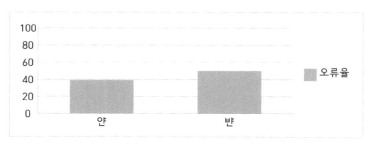

〈도표 12〉 '(자음) + /ㅑ/ + /ㄴ/' 결합 오류율

이상 도표에서 볼 수 있듯이, 중국인 학습자들이 /얀/, /뱐/ 음절을 발음할 때 오류율이 비교적 높다. 이 두 개의 음절에 있어 범한 구체적인 오류 양상은 다음과 같다.

〈표 45〉 '(자음) + /ㅑ/ + /ㄴ/' 오류 양상

음절	실험 어휘	주요 오류 양상
얀	킹얀	앤(27%), 야(12%)
뱐	뱐뭐	비-앤(35%), 비-안(10%), 뱌(5%)

위 <표 45>를 보면, 중국인 학습자들이 '(자음) + /ㅑ/ + /ㄴ/' 결합 음절을 발음할 때 주요 오류 양상은 대체 오류와 탈락 오류이다.

먼저 /얀/을 [앤]으로 발음하거나 /뱐/을 [비-앤]으로 발음하는 오류 양상은 모국어의 영향으로 범한 오류로 볼 수 있다. 린(2010)에 의하면, [i]가 [+고설성, -후설성]이며, 치조 비음 [n]가 [-후설성]을 지니므로 저모음 [a]가 이 두 분절음의 영향으로 [-후설성]인 전설 모음이 되며 [-저설성]인 중모음이 되기 때문이다. 다시 말하면, 중국어에서 /ian/ 음절을 [iɛn]으로 발음하기 때문에 중국인 학습자들이 /얀/을 발음할 때 모국어 음절 발음과 똑같이 발음한다.

(30) /얀/을 [앤]으로 발음하는 오류

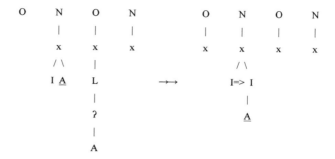

이상 (30)을 보면, 중국인 학습자들이 [얀] 발음을 [앤]으로 발음하는 오류는 I 구성 원소의 확산 현상으로 설명된다.

이 외에, /뱐/을 [비-안]으로 발음하는 오류는 피실험자가 이중모음을 단모음화 해서 범한 오류이다. 이러한 오류를 범한 원인은 한·중 음절 구조의 차이에서 찾을 수 있다. 즉, 앞에서 언급한 바와 같이, 한국어에서 이중모음은 활음과 모음이 이루어지는 반면에 중국어에서는 이중모음은 모음과 모음의 결합이기 때문에 중국인 학습자들이 /ㅑ/를 발음할 때 모국어의 영향을 받아서 [j]를 [i]로 발음하게 된다.

종성을 탈락시켜서 발음하는 오류는 학습자가 중성 위치에 있는 /ㅑ/를 정확하게 발음하는 데 중점을 두고 발음할 경우 범한 오류로 판단된다. 즉, 모국어의 영향을 피하려고 범한 오류이다.

3. 종성-초성에 나타나는 오류

중국어에서는 두 개의 음절이 연결될 때 서로 영향을 끼치지 않는 반면에 한국어는 음소배열제약이 존재한다. 본 실험은 한국어에서 일어난 비음화 현상, 유음화 현상을 위주로 실험한 결과로 다음과 같다.33)

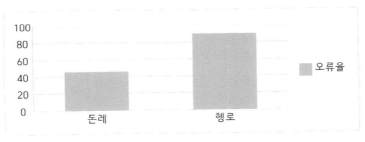

〈도표 13〉 종성-초성 오류율

위 도표를 보면, 중국인 학습자들이 음소배열제약이 있는 두 개의 연속된 음절을 발음할 때 오류를 아주 많이 범한다. 특히 종성 /ㅇ/과 초성 /ㄹ/이 인접하는 /헹로/를 발음할 때 오류율이 90%나 된다. 이는 중국인 학습자들이 비음화 현상을 제대로 실현시키지 못한다는 사실을 말해 준다.

---

33) 여기서 종성-초성 오류 양상을 살펴보는 실험이므로 주로 두 개의 음절 간 종성-초성 결합 제약에 중심을 두어 분석했고 각 음절의 오류를 분석 대상으로 삼지 않았다.

〈표 46〉 종성-초성 오류 양상

실험 음절	주요 오류 양상
돈레	동레(13%), 돈레(10%), 던레(7%), 뒨레(3%), 더레(3%), 도레(2%)
헹로	헹로(59%), 헨로(9%), 헨노(7%), 헹러(4%), 헹뤄(3%)

　각 어휘의 주요 오류 양상을 살펴보면, 중국인 학습자들이 음소배열제약이 있는 두 개의 연속된 음절을 발음할 때 여전히 음운 규칙을 의식하지 못하고 각각 단독으로 발음하는 경우가 많다. 예를 들면, /돈레/를 [돌레]로 발음하지 않고 [돈레]로 발음하거나 /헹로/를 [헹노]로 발음하지 않고 [헹로]로 발음하는 경우가 그 예들이다. 그리고 /돈레/를 /던레/로 발음하는 것처럼 개별 음절의 발음 오류도 발생하였으나 여기서는 종성-초성 음소배열제약에 중점을 두고 다루는 것이므로 이러한 오류는 통일적으로 종성과 초성을 각각 그대로 발음한다는 오류로만 보겠다.

　그리고 일부분 화자들이 음운 규칙을 의식하였으나 정확히 변화시켜 발음하지 못한다. 예를 들면, /돈레/를 [동레]로 발음하거나 /헹로/를 [헨로]로 발음하는 오류를 볼 수 있다. 이는 역시 모국어에 음소배열제약이 없기 때문에 생소하게 느껴 범한 오류들이다.

제5장

중국인 학습자의 숙달도에 따른 음절 발음 오류 분석

앞서 4장의 논의를 통해 중국인 학습자들은 음절 발음 오류를 범하는 가장 큰 원인이 음소배열제약의 차이 때문이라는 사실을 확인하였다. 본 장에서는 한 걸음 더 나아가 중국인 한국어 학습자들이 음절 발음 오류 양상이 언어 숙달도에 따라 달라지는지를 살펴보고자 한다.[34] 이를 위하여 학습자를 수준별[35]에 따라 선정하여 음절 내부 구성 요소간의 제약, 즉, 초성과 중성으로 구성된 음절과 초성, 중성, 종성 세 가지 요소로 구성된 음절을 중심으로 음성 산출 실험을 진행하였다.[36] 음성 산출 실험은 초급 학습자 6명,[37] 중고급 학습자 6명,[38] 두 그

---

34) 본 장은 필자가 2019년 「中韓語言文化硏究」 제17집에 발표한 '중국어 음소배열제약이 한국어 음성습득에 미치는 영향 연구'를 주요 내용으로 하여 약간 수정·보완한 것이다.

35) 학습자의 발음 수준을 측정하는 일이 쉽지 않다. 한국어능력시험에서 발음을 체크하는 부분이 없기 때문에 수준을 측정하는 유일한 기준으로 간주할 수가 없다. 그중에 특히 중급과 고급을 구분하는 선이 분명하지 않다. 따라서 본고에서는 학습자 수준을 초급과 중고급, 두 가지 수준으로 나누어서 보기로 했다. 초급 수준 학습자는 한국어를 접한 지 1년 반 미만인 중국 학생이고, 한국어를 공부한 지 2년 혹은 그 이상이 되는 경우 중고급 수준으로 간주하였다.

36) 본 실험과 관련된 발음진단서는 <부록3>에 제시되어 있다.

37) 실험에 참여한 초급 학습자들은 북쪽 지역 출신이며 한국어 학습기간은 2개월-1년 정도가 된다.

룹으로 선정한 후 조용한 강의실에서 진행하였다.

음성 산출 실험에서 사용한 프로그램은 praat이고 주어진 음절을 학습자들로 하여금 보통 발화 속도로 3번씩 읽게 하였다. 피실험자들의 음성 녹음 파일을 wav파일로 전환해 이를 음성·음운학 지식을 가진 한국인 교원 3명에게 전사하도록 하였다. 피실험자가 동일한 음절을 3번씩 녹음할 때 음성이 각각 달라질 수 있다는 점을 고려해 3번의 음성 녹음을 모두 전사하도록 하였다. 그리고 전사 결과를 분석할 때 해당 음절의 발음이 정확하거나 부정확하다고 판정하는 것보다 음절 발음에 나타난 오류율에 근거하여 평가하도록 하였다.

1. (초성)-중성에 나타나는 오류

초성과 중성이 결합한 음절 계열로 '(/ㄱ, ㅋ, ㅎ/)+/ㅣ, ㅑ, ㅖ, ㅟ/' 계열과 '(자음)+/ㅓ/' 계열이 있다. 각 계열에 대한 음성 실험 분석결과는 아래와 같다.

1.1. '(/ㄱ, ㅋ, ㅎ/) + /ㅣ, ㅑ, ㅖ, ㅟ/' 결합

언어 숙달도에 따른 '(/ㄱ, ㅋ, ㅎ/) + /ㅣ, ㅑ, ㅖ, ㅟ/' 계열의 발음 오류율은 아래 도표와 같다.

---

38) 실험에 참여한 중·고급 학습자들은 북쪽 지역 출신이며 한국어 학습기간은 2~9년 정도가 된다.

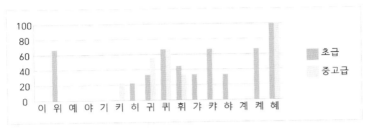

〈도표 14〉 '(/ㄱ. ㅋ. ㅎ/) + /ㅣ. ㅟ. ㅖ. ㅑ/' 결합 수준별 오류율

위의 도표를 통해 알 수 있듯이, 초급 학습자의 발음 오류율이 중고급 학습자보다 더 높게 나타났지만 일부 음절의 발음에 있어 중·고급 학습자도 상당히 높은 오류율을 보였다. 초급 학습자와 중고급 학습자가 공통적으로 어려워하는 음절이 '귀, 퀴, 혜'이다. '귀, 퀴'의 발음 오류 양상을 살펴보면, 주로 /귀/를 /괴/로 발음하는 것처럼 모음을 대체하는 오류와 /퀴/를 /퀴이/처럼 모음을 길게 발음한 오류가 있다. '혜'의 경우 대부분 /헤/로 발음하는 규칙을 파악하지 못해 /히에/로 발음한 오류를 범하였다. 그 외에, 초급 학습자가 '위, 캬, 케' 음절을 발음할 때도 높은 오류율을 보였다. 관련 오류 양상으로 모음/ㅟ/를 /ㅚ/로 대체해서 발음하거나 /ㅟ이/로 길게 발음한 오류들이 있으며, /ㅋ/를 /ㄱ/로 발음한 오류도 많다.

1.2. '(자음) + /ㅓ/' 결합

언어 숙달도에 따른 '(자음) + /ㅓ/' 계열의 발음 오류율은 아래 도표와 같다.

〈도표 15〉 '(자음) + /ㅓ/' 결합 수준별 오류율

　위의 도표를 보면, 각 음절을 발음하는 데 있어 초급 학습자
가 중·고급 학습자보다 더 높은 오류율을 보였다는 사실을 확
인할 수 있다. 초급 학습자는 주로 '퍼, 머, 서, 허' 음절을 발음
할 때 오류를 범했다. 오류 양상을 분석하면 주로 모음 /퍼/를
/포/로 발음하거나 /머/를 /뭐, 마오/로 발음하는 것처럼 모음을
대체하여 발음하는 것들이 있다. 그 외에 다른 음절, 즉 '버, 너,
러, 저, 처, 거, 커' 음절도 33.33%의 오류율이 보이지만 이는
같은 학습자가 범한 개인적인 오류로 분석된다. 중고급 학습자
는 거의 오류를 범하지 않았고 '머, 더, 저' 음절에만 아주 낮은
오류율을 보였다. 이는 수준이 높아짐에 따라 일부 발음이 개
선된다는 것을 의미한다.

2. (초성)-중성-종성에 나타나는 오류

2.1. '(자음) + /ㅖ/ + /ㅇ/' 결합

언어 숙달도에 따른 '(자음) + /ㅖ/ + /ㅇ/' 계열의 발음 오류율은 아래 도표와 같다.

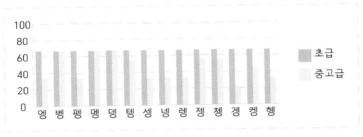

〈도표 16〉 '(자음) + /ㅖ/ + /ㅇ/' 결합 수준별 오류율

위의 도표를 보면, '(자음)+/ㅖ/+/ㅇ/' 계열의 모든 음절 발음에 있어 초급 학습자와 중고급 학습자가 모두 어느 정도의 오류를 범하였다. 초급 학습자가 모든 음절의 발음에 있어 범한 오류율이 66.67%로 나타났다는 결과가 '(자음)+/ㅖ/+/ㅇ/' 계열의 음절은 중국인 학습자가 매우 어려워하는 음절이라는 사실을 보여준다. 학습자들이 발음할 때 범한 오류 양상은 주로 /벵/을 /빙/으로 발음하거나 /셍/을 /시웅/으로 발음하는 것처럼 /ㅖ/ 모음을 다른 모음으로 대체한 오류가 있다. 그 외에 종성을 생략하고 발음한 경우도 일부 확인되었다. 중·고급 학습자들

도 이 계열의 음절을 발음할 때 일정한 오류를 범하였다. 특히 '벵, 멩, 뎅, 텡, 젱, 쳉' 음절이 중·고급 수준인 학생까지 많이 어려워하는 발음으로 높은 오류율을 보여주었다.

2.2. '(자음) + /ㅣ/ + /ㅇ/' 결합

언어 숙달도에 따른 '(자음) + /ㅣ/ + /ㅇ/' 계열의 발음 오류율은 아래 도표와 같다.

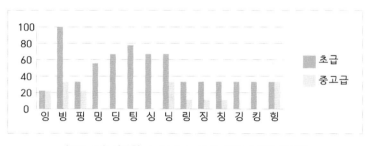

〈도표 17〉 '(자음) + /ㅣ/ + /ㅇ/' 결합 수준별 오류율

위 도표에 따르면, '(자음) + /ㅣ/ + /ㅇ/' 계열의 음절을 발음하는 데 있어 초급부터 중·고급까지 수준이 올라갈수록 오류율이 줄어든 추세를 보인다. 초급 학습자의 경우, 초성과 중성으로만 구성된 음절보다 종성까지 포함된 음절을 발음할 때 훨씬 많은 오류를 범하였다. 그중 특히 '빙' 음절이 100%로 가장 높은 오류율을 보였다. 다음은 '싱' 음절의 오류율도 77.78%로 상당히 높게 나왔다. 그 외에 '딩, 팅, 닝, 링' 음절도 66.67%의

오류율을 보였다. 학습자들이 발음할 때 범한 오류 양상을 보면, 주로 /빙/을 /비잉/처럼 모음을 길게 발음하거나 /딩/을 /디응/처럼 모음을 추가한 오류가 있다. 초급 학습자에 비해, 중·고급 학습자가 많이 어려워하는 음절이 없고 '빙, 닝, 힝' 음절의 발음만 조금씩 오류를 범했다.

2.3. '(자음) + /ㅟ/ + /ㅇ/' 결합

언어 숙달도에 따른 '(자음) + /ㅟ/ + /ㅇ/' 계열[39]의 발음 오류율은 아래 도표와 같다.

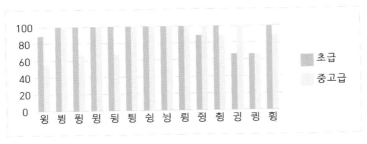

〈도표 18〉 '(자음) + /ㅟ/ + /ㅇ/' 결합 수준별 오류율

위의 도표를 보면, 이 계열의 음절은 초급 학습자와 중·고급 학습자 모두가 특히 어려워하는 음절이라고 할 수 있다. 초급 학습자들이 모든 음절을 발음할 때 60%를 넘는 오류율을

---

39) '(자음)+/ㅟ/+/ㅇ/계열'에 실제 발음하지 않는 음절도 존재한다. 하지만 이 계열의 음절은 적격한 음절로 볼 수 있으므로 단지 현실 생활에서 쓰지 않는 음절일 뿐이고 실제로 음소배열제약을 위반하는 음절이 아니다.

보였다. 초급 학습자들은 이 계열의 음절을 발음할 때 주로 종
성을 생략해서 발음하는 오류와 /듕/을 /듀잉/으로 발음하거나,
/츙/을 /추잉/으로 발음하는 것처럼 /ㅠ/ 모음을 다른 모음으로
대체하여 발음하는 오류를 범하였다. 이에 비해, 중고급 학습
자들은 개별 음절의 발음에 있어 오류를 적게 범했으나 전체
음절 모두 50%를 넘는 발음 오류율을 보여주었다. 중·고급
학습자들이 범한 오류 양상을 보면, 주로 /슝/을 /숑/으로 발음
하거나 /뷩/을 /니용/으로 발음하는 것처럼 /ㅠ/ 모음을 다른
모음으로 대체하여 발음한 오류가 있다.

2.4. '(자음) + /ㅜ/ + /ㄴ/' 결합

언어 숙달도에 따른 '(자음) + /ㅜ/ + /ㄴ/' 계열의 발음 오류
율은 아래 도표와 같다.

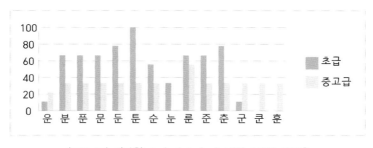

〈도표 19〉'(자음) + /ㅜ/ + /ㄴ/' 결합 수준별 오류율

위의 도표에 따르면, 초급 학습자가 '(자음) + /ㅜ/ + /ㄴ/' 계

열을 발음할 때 가장 어려워하는 음절이 '튼'으로 오류율이
100%이다. 그다음에 '분, 픈, 믄, 든, 른, 즌, 츤' 음절의 오류율
은 역시 모두 60%를 넘는다. 오류 양상은 주로 /분/을 /부운/
처럼 모음을 길게 발음하는 오류와 /든/을 /뒨/이나 /두언/으로
발음하는 것처럼 다른 모음으로 대체하여 발음하는 오류가 있
었다. 한편, 초급 학습자와 마찬가지로 중고급 학습자가 어려
워하는 음절이 역시 '른'인데, 관련 오류 양상을 보면 주로 /른/
을 /루운/이나 /루언/으로 모음을 길게 발음하거나 /ㅓ/ 모음을
추가해서 발음하는 오류들이다. 그 외에 오류율이 보인 나머지
음절들은 모두 /ㅓ/ 모음을 추가해서 발음하는 오류로 한 학습
자가 범한 개인 오류이다.

2.5. '(자음) + /ㅗ/ + /ㄴ/' 결합

언어 숙달도에 따른 '(자음) + /ㅗ/ + /ㄴ/' 계열의 발음 오류
율은 아래 도표와 같다.

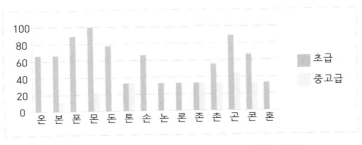

〈도표 20〉 '(자음) + /ㅗ/ + /ㄴ/' 결합 수준별 오류율

위의 도표에서 알 수 있듯이, '(자음) + /ㅗ/ + /ㄴ/' 계열의
발음 오류가 대부분 초급 학습자의 발음에서 확인된다. 그중
특히 60% 이상의 오류율을 보인 음절로 '온, 본, 폰, 몬, 돈, 손,
곤, 콘'이 있다. 관련 오류 양상은 주로 /본/을 /보온/으로 발음
하는 것처럼 모음 /ㅗ/를 길게 발음하는 오류와 /곤/을 /권, 고
은/으로 발음하는 것처럼 모음 /ㅗ/를 다른 모음으로 대체하여
발음한 오류를 보였다. 한편, 중·고급 학습자들의 경우, 이 계
열 음절의 발음을 어려워하지 않았다는 결과로 나왔다. '곤' 음
절만 모음을 길게 발음하는 오류가 나타나 40%의 오류율로 확
인되었다.

이상에서 살펴본 바와 같이, 초급 학습자들은 초성과 중성만
결합한 음절을 발음할 때 많은 오류를 범하지 않았으나 종성이
있는 음절을 발음할 때 많고 다양한 오류를 범했다. 그중 특히
'(자음) + /ㅔ/ + /ㅇ/' 계열, '(자음) + /ㅟ/ + /ㅇ/' 계열의 음절
은 발음이 모두 틀린 만큼 가장 어려워하는 음절로 뽑을 수 있
다. 중·고급 학습자들은 초성과 중성만 결합한 음절을 발음할
때 거의 오류를 범하지 않았으나 종성이 있는 음절을 발음할
때 조금씩 오류가 확인되었다. 특히 '(자음) + /ㅟ/ + /ㅇ/' 계열
음절의 발음에서 가장 많은 오류를 범하였다.

제6장

결 론

본 연구는 음소배열제약을 중심으로 중국인 학습자들이 한국어 발화 시 자주 범하는 발음 오류 및 그 오류의 원인을 살펴보는 연구이다. 이를 위하여 한국어와 중국어에 공통적으로 존재하는 음소를 중심으로 크게 초성-중성, 초성-중성-종성, 그리고 종성-초성 세 가지 유형으로 나누고 살펴보았다. 그중 초성-중성, (초성)-중성-종성 유형에서 한국어에서는 결합이 가능하지만 중국어에서는 음소배열제약으로 결합할 수 없는 음절 형태를 위주로 살펴보았다. 그리고 종성-초성 유형에서 한국어에서 음소배열제약으로 인한 비음화 현상, 유음화 현상이 일어날 경우도 연구 범위로 삼았다.

  실험을 통하여 각 유형에서 중국인 학습자들의 발음 오류율 및 주요 오류 양상에 대하여 살펴보았고 이러한 오류를 범하는 원인을 분석해 보았다. 본 연구의 결과를 정리하면 다음과 같다.

  첫째, 두 나라 언어의 음절에 있어 음소배열제약이 존재할 경우 중국인 학습자들이 범한 오류의 원인을 크게 음소배열제약으로 인한 오류, 음절 구조의 차이로 인한 오류, 그리고 음소의 차이로 인한 오류로 나눌 수 있었다. 그중 음소배열제약으로 인한 오류가 제일 많았고 이러한 오류 양상은 구성 원소 이론을 적용해서 원소의 분리, 합병 또는 확산으로 설명된다.

초성-중성 유형에서, '/ㄱ, ㅋ, ㅎ/ + /ㅣ, ㅑ, ㅖ, ㅟ/' 결합에서 음절 구조의 차이로 단모음화 해서 발음하는 오류가 대부분을 차지하였다. 그리고 중성이 이중모음일 때 중성이 단모음일 때보다 오류율이 높았다. 예를 들면, /갸/를 [기-아]로 발음하거나 /계/를 [기-에]로 발음하는 오류가 그것이다. 자음과 /ㅓ/가 결합하여 음절을 이룰 때 중성 /ㅓ/를 /ㅝ/로 대체하거나 /ㅗ/로 대체하는 오류가 많았고 /ㅕ/로 대체하는 오류도 조금씩 나왔다. 이는 중국어 음소배열제약으로 인하여 범한 오류들이고 구성 원소 이론으로 설명된다.

(초성)-중성-종성 유형에서 중국인 학습자들의 발음 오류율은 보편적으로 높게 나왔다. 그리고 동일한 음소배열제약이더라도 초성-중성 두 개의 구성 성분이 이루어질 경우보다 초성-중성-종성 세 가지 구성 성분으로 이루어진 음절의 오류율이 더 높다는 사실도 발견할 수 있었다. 해당 오류의 원인을 살펴보면 주로 음소배열제약, 음절 구조의 차이, 그리고 음소의 차이가 있었다. 특히, 음소배열제약으로 인한 오류가 큰 비중을 차지하였다. '(자음) + /ㅔ/ + /ㅇ/' 결합에서는 주로 음소배열제약으로 인하여 종성 /ㅇ/을 /ㄴ/으로 바꾸는 오류가 많았다. '/ㄱ, ㅋ, ㅎ/ + /ㅣ/ + /ㅇ/' 결합에서도 주로 음소배열제약으로

인하여 종성 /ㅇ/이 /ㄴ/으로 변하는 오류 혹은 중성 /ㅣ/를 /ㅕ/
로 바꾸는 오류가 많았다. '(자음) + /ㅑ/ + /ㅇ/' 결합의 발음 오
류 양상을 보면, 주로 중성 /ㅑ/를 /ㅕ/로 바꾸는 오류가 많았고
중성 자리에 있는 이중모음을 단모음화 해서 발음한 오류도 있
었다. 전자는 음소배열제약으로 인한 오류이고 후자는 음절 구
조의 차이로 인한 오류이다. '(자음) + /ㅟ/ + /ㅇ/' 결합에서는
음소배열제약으로 종성 /ㅇ/을 /ㄴ/으로 대체하는 오류가 제일
많았다. '(자음) + /ㅚ/ + /ㅇ/' 결합에서 중국인 학습자들이 범
한 오류를 보면, 주로 중성 /ㅚ/를 /ㅓ/ 혹은 /ㅜ/로 바꾸는 오
류가 많았다. 이러한 오류의 원인은 한·중 음소의 차이에서
찾을 수 있었다. '(자음)+ /ㅚ/ + /ㄴ/' 결합에서 중성 /ㅚ/를 /ㅓ/
로 바꾸거나 /ㅟ/로 발음하는 오류가 있는데 이 또한 음소배열
제약 때문이다. 마지막으로 '(자음) + /ㅑ/ + /ㄴ/' 결합에서 중
국인 학습자들이 범한 오류는 주로 음소배열제약과 음절 구조
의 차이로 인한 오류들이었다.

종성-초성 유형 중 한국어에서 음소배열제약이 존재함에도
불구하고 중국인 학습자들의 발음에서 높은 오류율이 보였다.
오류를 범한 이유는 한·중 음소배열제약에서 찾을 수 있었다.

둘째, 음소배열제약의 측면에서 볼 때, 중국어에서 비록 여
러 가지 음소배열제약이 존재하지만 각 제약이 중국인 학습자
들의 한국어 발음에 미치는 영향이 다르다. 다시 말하면, 음소
배열제약의 위계가 존재한다. 예를 들면, 중국어에서 연구개음
이 전설 고모음과 결합하지 못하는 제약이 있지만 중국인 학습

자들의 발음 오류는 비교적 적고 오류 양상 또한 단순하였다. 그러나 중성과 종성의 [후설성] 값이 같아야 한다는 제약은 비교적 중국인 학습자들의 한국어 발음에 강한 영향을 미쳤고 이로 인한 오류율이 높았으며, 오류 양상도 다양하게 나왔다.

셋째, 대부분의 음절은 초급부터 중고급까지 수준이 올라갈수록 오류율이 줄어든다. 이는 중국어의 음소배열제약이 초급 중국인 한국어 학습자에게 강한 영향을 미치지만 학습 시간이 늘어날수록 그 영향력이 줄어든다는 것을 의미한다. 한편, '(자음) + /ㅟ/ + /ㅇ/' 계열 등 개별 계열은 중고급 수준까지 올라가더라도 학습자들이 여전히 발음하기 어려운 계열로 나타났다. 이는 해당 계열의 음절이 실제 생활에서 사용도가 높지 않은 이유로 설명될 수 있지만 음소배열제약의 위계 면에서 볼 때, 운 안의 분절음은 동일한 [후설성]/[원순성]의 값을 가져야 한다는 제약이 중국인 학습자들의 의식에 더 강하게 영향을 미친다는 증거로 볼 수 있다. 다시 말해, 이 제약이 중국어의 음소배열제약에서 비교적 높은 위계에 있다는 것이다.

이상에서 살펴본 바와 같이, 중국인 학습자는 음소를 정확하게 알고 있음에도 불구하고 음소배열제약으로 인해 오류를 많이 범한다. 그리고 초급 학습자뿐만 아니라 소통 능력이 비교적 높은 중·고급 학습자일지라도 개별 음절의 발음에 있어 정확성이 높지 않다. 따라서 발음 교육 시 음소에만 국한하지 않고 발음하기 어려운 음절에 중점을 두고 교육해야 하며, 이는 중급 이후에도 꾸준히 이루어질 필요가 있다. 본 연구는 중국

인 한국어 학습자들의 음절 발음을 교육하는 데 참고자료로 활
용되기를 바라는 바이다.

참고 문헌

곡향봉(2005), "중국인을 위한 한국어 발음 교육 방안", 신라대학교 교육대학원 석사학위논문.

권영미(2008), "중국 학습자를 위한 한국어 발음 지도 방안 연구", 청주대학교 교육대학원 석사학위논문.

김선정(1996), "개정 지배 음운론 개관", 『언어학』 19, 한국언어학회.

김선정・허용(1999), "승인제약 조건과 한국어 모음체계", 『언어학』 25, 한국언어학회.

김성란(2012), 『한국어 교육을 위한 한중언어 대조연구』, 역락.

노금송(2000), "中国人을 対象으로 한 韓国语 发音 教育", 동아대학교 대학원 석사학위논문.

노채환(2007), "한국어 모음조화의 지배음운론적 연구: 용언 어간과 어미 결합을 중심으로", 한국외국어대학교 대학원 석사학위논문.

노채환(2020), "중국인 학습자들의 한국어 이중모음 오류 분석 연구", 『한중인문학연구』 68, 한중인문학회.

뚜안무 싼, 엄익상 외 3인 역(2005), 『표준중국어음운론』, 한국문화사.

마려평(2013), "중국인 한국어 학습자를 위한 음절 교육 연구", 전남대학교 대학원 석사학위논문.

박나영(2010), "음소결합제약에 의한 중국인 학습자의 한국어 발음 오류 연구: 초급 학습자를 대상으로", 부산대학교 대학원 석사학위논문.

배주채(2003), 『한국어의 발음』, 삼경문화사.

송리연(2019), "표준중국어의 음소배열제약으로 인한 중국인 학습자의 한국어 발음오류 연구", 한국외국어대학교 대학원 석사학위논문.

서승아(2010), "중국인 학습자의 한국어 발음 교육 연구: 자음과 모음을 중심으로", 우석대학교 대학원 석사학위논문.

신지영(2012), 『한국어의 말소리』, 지식과 교양.

엄익상(2013), "표준중국어 음절구조와 활음의 위치", 『중국언어연구』 44, 한국중국언어학회.

앤후이 린, 엄익상 외 3인 역(2010), 『중국어 말소리』, 역락.

여학봉(2009), "한·중 자음 대조를 통한 중국인 한국어 자음 발음 연구", 경희대학교 대학원 석사학위논문.

이상직(2006), "구성원소 이론과 국어의 자음 표시", 『언어학』 46, 한국언어학회.

이상직·허용(1998), "지배음운론에서 본 한국어의 음절구조", 『한글』 240·241, 한글학회.

이선(2019), "중국어 음소배열제약이 한국어 음성습득에 미치는 영향 연구", 『中韓語言文化研究』 17, 천진사범대학교 한국문화연구중심.

이진호(2012), 『국어 음운론 강의』, 삼경문화사.

이호영(1996), 『국어음성학』, 태학사.

임형재(1997), "現代 中國語의 音節 構造: 綜合頻度數를 기준으로", 한국외국어대학교 대학원 석사학위논문.

장 리(2011), "한국어와 중국어의 음절 구조와 음운 체계 대조", 연세대학교 대학원 석사학위논문.

장향실(2009), "중국인 학습자의 한국어 음절 오류와 교육 방안", 『우리어문연구』 34, 우리어문학회.

전원해(2005), "중국 학생들의 한국어 발음 오류 연구: 자음을 중심으로", 성균관대학교 일반대학원 석사학위논문.

정해연(2011), "한·중 음절 대조 분석을 통한 중국인 한국어 학습자의 발음 오류 연구", 한양대학교 대학원 석사학위논문.

주명진(2006), "중국인 학습자의 한국어 발음 교수 방안 연구 - 발음 오류와 변이음을 중심으로", 경희대학교 교육대학원 석사학위논문.

창성난(2012), "한국어와 중국어의 음소배열제약 대조 연구", 부산대학교 대학원 석사학위논문.

최금단(2003), "중국어와 한국어의 자음 대조 연구", 성균관대학교 박사학위논문.

한성우(2008), "중국어권 학습자를 위한 맞춤형 한국어 발음 교육 방안", 『우리 말글』 44, 우리말글학회.

허용(2001), "모음 관련 음운 현상에 대한 지배음운론적 접근", 『한국어문학연구』 13, 한국어문학연구회.

허용(2003), "한국어교육을 위한 중간 언어 음운론 기초연구: 지배음운론적 관점에 입각한 한국어 모음현상 분석", 『언어과학연구』 25, 언어과학회.

허용(2004), "중간언어 음운론에서의 간섭현상에 대한 대조언어학적 고찰", 『한국어교육』 15-1, 국제한국어교육학회.

허용(외)(2005), 『외국어로서의 한국어 교육학 개론』, 박이정.

허용・김선정(2011), 『외국어로서의 한국어 발음교육론』, 박이정.

허용・김선정(2013), 『대조언어학』, 소통.

허용・이상직(1996), "지배음운론(Government Phonology)이란 무엇인가?", 『언어학』 19, 한국언어학회.

허웅(1985), 『국어음운학』, 샘문화사.

Heo, Y.(1990), Empty Categories and Korean Phonology, Ph.D. Dissertation, SOAS, University of London.

Kim, S.-J.(1996), The Representations of Korean Phonological Expressions and their Consequences, Ph.D. Dissertation, SOAS, University of London.

Rhee, S.-J.(2002), Empty Nuclei in Korean, Ph.D. Dissertation, Leiden University, Utrehot: LOT.

北京大學中國語言文學系(2002), 『现代汉语』, 商务印书馆.

黃伯榮・廖旭東(2001), 『現代漢語』, 高等教育出版社.

吳宗济(1992), 『現代漢語語音概要』, 華語教學出版社.

詹伯慧(1991), 『現代漢語方言』, 新學識文教出版中心.

부록1

기본 신상 조사 양식

성명(姓名): _____   성별(性別): ____   나이(年齡): ____세

1. 고향이 어디입니까? (您是哪里人?)

    _____성(省) _____시(市)

2. 한국어를 공부한 지 얼마나 됐습니까? (您学习韩语多长时间了?)

    ___년(年) ___개월(个月)

3. 본인의 한국어 능력은 어느 수준입니까?
   (您认为自己韩语能力怎么样?)

    A. 초급(初级)   B. 중급(中级)   C. 고급(高级)

4. 1) 한국에서 한국어를 배워 본 적이 있습니까?
      (请问您有过在韩国学习韩语的经历吗?)

        A. 있음(有)   B. 없음(没有)

2) 있다면 어느 대학교에서 얼마 동안 공부했습니까?
(如果有此经历的话在哪所学校学了多长时间?)

학교이름(学校名称): _____

학습기간(学习时间): ___ 년(年) ___ 개월(个月)

5. 1) 다른 외국어를 배워 본 적이 있습니까? (您学过其他外语吗?)

A. 있음(有)　　　B. 없음(没有)

2) 있다면 무슨 언어를 얼마 동안 공부했습니까?
(学过的话学的哪种语言? 学习了多长时间?)

언어(语言): _____, 학습기간(学习时间): _____

부록2

발음진단서 양식

아래의 단어들을 발음에 주의하여 각각 두 번씩 처음부터 끝까지 낭독해 주십시오.

(주의: 너무 빠른 속도로 읽지 마시고, 한 단어를 낭독한 후 2-3초 정도 지난 후에 다음 단어를 낭독해 주시기 바랍니다.)

请准确朗读以下单词, 每个单词读两遍。

(注: 速度不要太快, 每个单词读完之后停两三秒左右再朗读下一个单词。)

기뮌, 봉키, 히룽, 문갸, 캬눈, 햐툰, 계둔, 혜윤, 귀헨, 본퀴, 휘렌, 버관, 뫼퍼, 퐁더, 터켠, 서엔, 횡너, 처로, 거러, 커흉, 허뤄, 퍙돈, 쉬냥, 규량, 뇐걍, 향굉, 엥회, 벵면, 화펭, 겨멩, 뎅긴, 텡온, 셍휴, 넹셔, 화렝, 듀젱, 쳉슈, 뉘겡, 헹노, 웡켕, 머뒹, 튕녀, 퀭저, 횡코, 광옹, 뇨몽, 돈레, 힌동, 촨통, 송퍼, 표농, 페룽, 종튜, 총현, 챵공, 웨콩, 홍변, 탱온, 폰켜, 몬뒤, 괴돈, 톤깅, 쾌손, 휘논, 혀론, 존테, 헹로, 촌션, 뷔곤, 뷔콘, 혼셴, 킹양, 뱐뤄, 양다

부록3

언어 숙달도에 따른 발음진단서 양식

아래의 음절들을 발음에 주의하여 각각 세 번씩 처음부터 끝까지 낭독해 주십시오.

(주의: 너무 빠른 속도로 읽지 마시고, 한 음절을 낭독한 후 2-3초 정도 지난 후에 다음 음절을 낭독해 주시기 바랍니다.)

请准确朗读以下音节,每个音节读三遍。

(注: **速度不要太快, 每个音节读完之后停两三秒左右再朗读下一个音节。**)

어, 버, 퍼, 머, 더, 터, 서, 너, 러, 저, 처, 거, 커, 허, 이, 위, 예, 야, 기, 키, 히, 귀, 퀴, 휘, 갸, 캬, 햐, 계, 켸, 혜, 잉, 빙, 핑, 밍, 딩, 팅, 싱, 닝, 링, 징, 칭, 깅, 킹, 힝, 엥, 벵, 펭, 멩, 뎅, 텡, 셍, 넹, 렝, 젱, 쳉, 겡, 켕, 헹, 웡, 븡, 픙, 믕, 듕, 퉁, 승, 능, 릉, 즁, 칭, 긍, 킁, 휑, 운, 분, 푼, 문, 둔, 툰, 순, 눈, 룬, 준, 춘, 군, 쿤, 훈, 온, 본, 폰, 몬, 돈, 톤, 손, 논, 론, 존, 촌, 곤, 콘, 혼

이선

중국 천진사범대학교에서 한국어를 전공하고, 한국외국어대학교 일반대학원 외국어로서의 한국어 교육 전공 석사를 받았다. 같은 대학교 국어국문 전공 언어학 박사를 취득한 뒤 주한 중국문화원 중국어 강사를 거쳐 현재는 중국 산둥대학교 외국어대학에서 한국어학과 조교수를 맡고 있다.

중국인 학습자의
한국어 음절 발음 습득 연구

초판인쇄   2021년 5월 21일
초판발행   2021년 5월 21일

지은이   이 선
펴낸이   채종준
펴낸곳   한국학술정보㈜
주소   경기도 파주시 회동길 230(문발동)
전화   031) 908-3181(대표)
팩스   031) 908-3189
홈페이지   http://ebook.kstudy.com
전자우편   출판사업부 publish@kstudy.com
등록   제일산-115호(2000. 6. 19)

ISBN   979-11-6603-432-9 93710